比較大學教育

雷國鼎編著

臺灣中華書局印行

本書之完成得國家科學委員會之補助
國鼎謹識

比較大學教育目次

自序

我國新制大學，自滿淸末年建立以來，迄已六十餘載，其間無論政治體制、經濟組織、社會結構及生活方式等，均有顯著之變遷。大學教育設施，雖因適應事實需要，有所更改，惟其進展迂緩，亟待改進之處尙多。諸如大學教育目標之狹隘，制度之缺乏彈性，內部結構之保守，課程之陳舊，以及入學考試制度之欠完善等，均爲顯而易見之闕失。凡此種切，自當立謀合理解決，期能充分發揮大學教育應有之功效。

論者莫不以爲一般教育設施，旣須因應社會之進展，更當成爲促使社會進步之動力，故社會變遷，教育設施固必隨之改變，社會發展過於緩慢，教育又當克盡推動之職能。倘若教育設施較社會進展之速度爲遲，不僅教育投資之效果，未能充分發揮，抑且有違國家立學之旨意。本此而言，教育設施爲促進社會經濟發展，達成國家任務之重要因素，殆無疑義。是故吾人檢討教育設施時，必須注意一點，卽教育設施非但須因應社會之需要，尤當立於時代前面，領導社會進步。大學爲創獲知識，作育英才之所，自必具備各項開創性之設施，而爲一切機構之楷模，以免喪失大學固有之權威性。

竊以爲合理之大學教育，應係本國固有優點及列國已著成效之軌範二者之鎔合。茲本此觀念，乃編著本書，作爲改革我國現行大學教育制度之準繩。本國以外各國大學教育之研究，其用意非爲任何大學教育制度皆可視爲摹仿之標的，而在研究大學教育制度之各種理論及實際問題，期於改進本國制度時，對於若干必須考慮的因素，有更進一步的了解。

邇來一般教育學者，以比較方法研究教育學術，日益普遍。教育理論之比較研究姑且勿論，單就教育制度言，無論教育行政制度及學校制度之研究，多有採用比較方法者；國際間且有不少學人，沿用比較方法，研究課程，教材教法，考試制度，師資養成制度，指導活動，訓導設施，視導制度及教育經費等問題，其間尤多專著問世，並具有高度之學術價值。惟近年來在比較方法領域內，尚有更細密之分類，常見者有 Intuitive, Descriptive, Analytical-explicative, Comparative, Applicative or normative, Predictive, 及 Methodology等多種，各種方法，優劣互見，難獲一完整無缺之方法。本書以 Analytical-explicative 爲主，Comparative 輔之，首述美、英、法、德、日、俄六國之現制，次則分析其特質，繼以我國大學教育改進之道作結。書內各章，均以同一方式研究之。

大學教育，就程度言，爲高深教育（Advanced education）；按性質言，爲學術教育(Academic education)。統合言之，所謂大學教育，係研究高深學術之教育，其目的不以保存既成知識爲已足，而在發明未來之知識。甚至有人強調，大學所給與的，並非社會所需要的，而是社會所缺乏的。言其任務，或曰教學，授業解惑自屬必要之職責；或云研究，精深博大卽爲不可或缺之標的；或謂推廣，輒以服務社會爲宗旨；或說輔導，重在青年人格之培育。是未來師資之養成，青年學人之孕育，民族文化之傳延，與夫專業人材之訓練，幾成爲各國大學教育發展之共同趨勢。惟歐陸國家之大學，側重純粹學問之研究，蘇俄等極權國家則以培養專門技術人才爲大學之主旨，美國大學乃兼二者而有之。

著者本於學術見地，對上列六國之大學教育設施爲詳盡之敘述，舉凡大學教育之目標，行政組織，內部結構，課程，教學，師資，入學考試制度，及學生生活等項，逐一分析，期由各國大學教育設施中，發掘堪供我國借鑑之處，復以比較觀點，對我國大學教育，提出改進意見，藉供同好參考。蓋年來我教育行政當局及教育界有識之士，每倡大學教育改革之議，迄至目前爲止，尚無具體可行的辦法。至希我教界同仁，各抒卓見，期使我國大學教育，臻於完善境地。

中華民國五十七年二月十三日雷國鼎識於國立臺灣師範大學

第一章　大學的任務

一、美　國

美國大學教育的任務，在供給每一受教者之同等發展其心智，情緒及身體的機會；其課程不外是獲得若干足以影響個人生活效率和人類幸福的態度、技能、理想與方法。因此霍布金斯大學（Johns Hopkins University）前任校長鮑滿（Isaiah Bowman），於其所著「美國民主主義的研究院」（The Graduate School in American Democracy）一書中，揭示美國大學教育目標如次：（註一）

㈠對於吾人所持之開明態度，具有實際經驗之了解；

㈡具有批判工作方法之經驗；

㈢具有自然科學和一般學術之歷史知識；

㈣具有認識並研究環境之若干技能；

㈤對於現代國際事務，具有實驗性的知識；

㈥具有全人類於各種不同之環境、職業、和文化背景中，以瞭解客觀情境的一種哲學或先見之明。

其次，美國若干著名教育家，認爲大學教育的使命，在於培養各種職業方面的領袖人才。因而主張大學應實施「博雅教育」(Liberal Education)。恩狄歐齊學院 (Antioch College)。院長亨得遜 (A. D. Herderson) 即其代表。渠謂：「博雅教育一詞，……現在需要一種新的解釋。所謂博雅教育，乃是培養學問淵博、擧止文雅的個體的一種教育。此種個體能了解歷史，觀察並批判當前的社會，洞識社會動力 (Social Dynamics)，並有助於世界之改進。因此，博雅教育，確有助於現代文化之提高。」所以各大學或學院，皆須指導學生在下列情況下，鍛鍊其領袖才能。(1)熟練文化、科學和技藝知識。(2)具有一種專門職業的工作技能。(3)認識自然之美，並創造人爲之美。(4)了解廣泛之經濟、政治及社會問題。(註二)

最近，美國教育會 (American Council on Education)，曾以「普通教育的目的」(A Design for General Education) 爲題，提出美國普通教育的目的如下：(註三)

(一)保持和增進個人之健康，並能對於他人健康之保持，作適當之貢獻。

(二)運用本國語文，以書寫和講演方式，表達適合知識分子所需之情意。

(三)在廣泛之社會關係，及與他人共同工作的經驗中，能獲得一種健全的情緒和社會適應。

(四)對於各種問題，皆能運用思考，並能獲得一種促進家庭美滿與婚姻適應的基本門徑。

(五)對於處理美國生活中交互關係的各種社會、經濟及政治問題，以及分析戰後國際改造問題，能克盡一個自主而敏慧之公民職守。

㈥對於含蘊在個人環境中的有關人類社會及人羣幸福的自然現象，具有明確之認識；同時，尙能運用科學方法分析個人所遭遇之一切問題，尤須運用功效卓著之非文字的思想和溝通情意的方法。

㈦應具有在文學或與他人共同研討文學的個人經驗，以及個人的文藝觀念與理想中，發現自我表現（Self-expression）的能力。

㈧能於音樂及各種藝術作品中，發表自我表現之方法，且對於藝術及音樂，具有適當之認識與鑑賞。換言之，在個人經驗與社會形態或社會運動中，皆具有適當之反省。

㈨對於人生的意義與價值，應具有清晰與完整之思考或體認。

㈩能選擇適合個人的才能，並有助於個人對於社會需要作適當貢獻的一種職業。

二、英國

一九四四年，英國大學教員協會，曾發表一項報告，揭示大學教育的任務如下：（註四）

㈠智識之自由追求（The Free Pursuit of Knowledge）；

㈡智識之傳播（The Dissemination of Knowledge）；

㈢青年之人格培養（The Formation of Young People as Individuals）；

㈣社會問題之研究（The Study of Social Problems）。

依據一九六三年羅賓斯（Lord Robbins）「高等教育委員會報告書」（The Report of the Committee on Higher Education)的建議，英國大學教育的任務，應以下列四端爲依歸，即：

㈠技能之傳授；

㈡心靈之陶冶；

㈢高深學術之研究；

㈣文化之傳延及善良公民之培育。

三、法　國

依據法國最高教育當局，一九六〇年頒佈的法令，載明法國的大學，應肩負下列四種任務：（註五）

㈠對科學之進步，研究人員之培養，與夫科學、文學及技術研究之發展，應有適當之貢獻。

㈡實施高級科學、文學及藝術文化之教育。

㈢從事以廣博文化與高深知識爲基礎之職業預備，並培育具有科學素養與教育專業訓練的中等學校師資。

㈣切實適應科學進步及國家社會之需要。

四、西　德

新式的德國大學，其主要任務，不外下列數端：（註六）

㈠純學術的研究與青年研究人員的培養；

㈡訓練社會上各方面的領袖人才，並推行成人教育；

㈢培養高級中學的師資。

五、日　本

依日本「學校教育法」第五十二條之規定：「大學爲學術的中心，以傳授廣博的知識，教授並研究高深而專門的學藝，與發展知識的、道德的及應用的能力爲目的。」（註七）

六、蘇　俄

據一九六一年蘇俄部長會議核准的「蘇俄高等學校規程」（Statute on the Higher Schools of the U. S. S. R.）的規定，蘇俄大學所負之任務如下：（註八）

㈠培養富有高度馬列主義（Marism-Leninism）精神教育的合格專家，通曉國內外科學及技術的最新成就和實用生產知識，並具備盡量運用現代工藝學（Technology）及創造未來工藝學的能力。

㈡對於建設共產主義社會各項有關問題之解答，從事具有貢獻之研究。

㈢編制高水準的教科用書及補充讀物。

㈣訓練師資及研究工作人員。
㈤提供國家經濟、藝術、教育及衛生服務等各方面所需專家之高級訓練。
㈥傳播科學及政治知識於人民。
㈦研究關於大學畢業生之運用及改善其訓練品質的各項問題。

綜觀上列各國大學之任務，均以研究及教學為重心，美國大學尚負有服務社會之任務，其中尤以州立大學為然。英國大學，各校所負之任務不一，大體言之，不外研究、教學、輔導及推廣四種。法國的大學，亦不例外，但側重如何促進科學之進步及配合國家之需要，實為研究與推廣並重之顯例。德國大學以學術研究為中心，並注重「實用」的準備。日本大學以學術研究為主，輔以「實用」人材之培育，與德國大學相近。蘇俄大學，純係培養專門人才的場所，並實施嚴格之政治訓練，故其重點不在純粹學術之研究，而在使各大學能與國家經濟建設部門，密切聯繫。

統括而言，一所現代的大學，應負有下列幾項任務：

㈠傳授專業知識，養成專門人才；
㈡研究高深學術，從事創造發明；
㈢服務廣大社會，適應國家需要；
㈣陶冶青年品德，培育社會英才。

一般較為保守的學者，以為大學之主要任務，在於擴充知識範圍，鞏固知識傳統，故特重教學與研究。所謂研究，就狹義而言，乃指學術方面各部門最深入而精細的探討，其目的則爲新興事實與眞理之發現。如擬達此目的，研究人員必須受最嚴格之訓練，利用最精良之工具，在學術自由的氣氛下，繼續工作，始克有成。

自十九世紀初葉以迄第一次世界大戰，獨裁政體尚未出現，學術思想未受統制，歐洲國家的大學，確已成爲知識創獲和學術研究之中心，百餘年來，人才輩出，貢獻良多。復由於知識之擴充與普及，直接促進列强之繁榮與國力，恰如西諺所云：「知識卽力量」。惟有大學成績優異的國家，始能產生優秀的領袖人才，致國家於富强。

就美國言，第一流大學的研究工作，近八十餘年來，確有長足的進步，而尤以實驗科學及應用科學爲然。美國若干歷史悠久的大學，多係私立，常有工商企業界的鉅子，捐資興學，對於研究事業，倡導不遺餘力。例如煤油大王洛克斐勒（John D. Rockefeller），創辦芝加哥大學和我國北平協和醫學院，芝加哥大學研究院爲美國學術研究中心之一，現代物理學和原子能研究的成績，尤屬著稱。協和醫學院的設備，爲東亞各國之冠，國人研究成績，有舉世皆知的痲黃素等重要發明。汽車大王福特(Henry Ford)，建立福特基金會，獎勵學術研究，每年贈與數百名已獲博士學位的少壯研究員，以優厚的獎金從事獨立的研究。鋼鐵大王卡內基（Andrew Carnegie），設立卡內基工學院，卡內基博物館，及圖書館。此外，尚有不少人士，爲國家興辦若干文化教育事業。我國如欲振興科學，促進經濟發展，除政府大力倡導外，私人財團和工商企業鉅子，應有遠大眼光，投資教育事業，獎掖科學研究。

自第一次世界大戰起，美國政府常委託各著名大學之研究院，研究特種問題，所需經費，悉由政府負擔，並由政府補充所需設備，而不另設研究機構，分散人才。例如美國國防部爲設計三軍服裝，必須明瞭世界各地四季氣候之變化，遂委託素以研究地理學著名的克拉克大學（Clark University）代爲研究。美國所用之此項辦法，使國家與學府兩蒙其利。我國政府研究特種問題時，似可取法。

美國政府提倡學術交換，移民法載有優待學者專家之條款，因此歐洲國家若干科學家和一部份亞洲國家的學者，自二十世紀三十年代起，移居美國者爲數不少。楚材晉用，對於彼邦科學研究（如原子能）和文化教育事業，具有莫大之貢獻。我國如擬建立一個亞洲科學研究中心，亟需促進國際學術交流，與歐美先進各國，交換教授、研究生及出版物。

美國著名大學，多以研究院爲施教中心，如耶魯（Yale）、哈佛（Harvard）、霍布金斯（Johns Hopkins）、哥倫比亞（Columbia）、普林士頓（Princeton）、芝加哥（Chicago）等大學，均廣招研究生，從事高深學術之研究。我國如擬提高學術水準，倡導研究風氣，各大學應竭力充實研究所。

較爲進步的學者，則以爲大學的任務，不單在知識之傳授與學術之研究，尙須兼顧品德的陶冶及文化的推廣或社會的輔導。美國威斯康辛（Wisconsin）大學校長希斯（Van Hise）於一九五一年揭示一項原則：「假若一所大學，以廣泛的服務基礎爲其理想，便不可規避其傳授知識予人民大衆的職責。」（註九）英國比較教育學家韓思（N. Hans）則認爲大學除培養專業人才和促進科學發展外，尙負有爲大衆傳播知識的任務。（註十）美國前哈佛大學校長柯南特(J. B. Conant)以爲大學除探求純粹學術及實施專業訓練外，尙須注重普通教育，並從團體生活中，陶冶公民的品德，此無疑爲大學對青年所負之輔導任務。一九〇二年至一九一〇年曾任美國普林士頓大學校長的威爾遜(Woodrow Wilson)，渠謂：「大學的目的，……是知識生活和精神生活。(The Object of the College……is the intellectual and spiritual life) 大學的生活和訓練，其意義是一種準備，不是傳授智識。所謂智識生活和精神生活，我的意思是一種能使心智思考，並善加利用現代世界及其各種機會的生活。」（註十一）所以，迄今普林士頓大學的教育宗旨，仍定爲：「培養善用獨立判斷和創造思想的人。」(To produce men capable of independent judgment and creative thought)（註十二）

我國大學的宗旨，依大學法第一條的規定：「大學依中華民國憲法第一百五十八條之規定，以研究高深學術，養成專門人才爲宗旨。」觀此，可知我國大學仍以傳授知識與研究學術爲其主要任務，對於學生品德之陶冶，與文化之傳播，均未予重視。至於學生在校所習知識，能否經世致用，尤不過問。故吾人以爲我國大學教育宗旨，應予修訂。茲依愚見，試擬我國大學宗旨如次：「大學依中華民國憲法第一百五十八條之規定，以陶冶青年品格，研究高深學術，養成因應時代進展服務社會之人才爲宗旨。」拙意以爲一所大學，如擬克盡服務社會的職能，必須具備三個條件：⑴須利用推廣工作，以適應本國僻陋地區人民的需要；⑵須協助政府，推行發展國家經濟及物質建設的計劃；⑶須培養領導人才，以配合國家經濟發展的需要。

【附　註】

（註一）見 I. Bowman: The Graduate School in American Democracy, 1939, p. 9.

（註二）見 A. D. Henderson: Vitalizing Liberal Education, 1944, p. 15.

（註三）見 American Council on Education: "A design for General Education" edited by McConnell, T. R. Studies Series I. No. 18, pp. 14–15, 1944.

（註四）見 Bruce Tsuscot: Red Brick University, A Pelican Book, 1951, p. 354.

（註五）見 U. S. Office of Education: Education in France, 1963, p. 174.

（註六）引自田培林：德意志大學制度的演進及其任務，載高等教育研究第一〇七至一四〇頁，正中書局。

（註七）根據林本著：日本教育之理論與實際，第二二四頁，開明書店。

（註八）見 Nigel Grant: Soviet Education, 1964, p. 110.

（註九）見雷國鼎譯：比較教育，第一九七頁，中華書局。

（註十）見 N. Hans: The Principles of Education Policy, 1933, p. 183.

（註十一）見 A University of Creative Thought, Student Review, vol. 11 No. 2, March, 1963.

（註十二）同註十一。

第二章　大學的類別

一、美　國

（一）初級學院（Junior Colleges）

按理論講，一所單獨設置的初級學院，應屬於中等教育範圍，而成爲一種高級中等教育（Higher Secondary Education）。但實際上，一般大學附設之初級學院，往往成爲大學本科之初級部（Junior-College Division）。所以，美國的初級學院，實爲中等教育與高等教育之間的學校，列入中等教育範圍固屬常事，劃歸高等教育亦無不可。據一九五八年美國國防教育法案（National Defense Education Act）之規定，對於初級學院的涵義，曾作如下之解釋：「初級學院係指實施高等教育的一種機構，招收高級中學卒業生，授予爲期二年之大學教育，本階段所修學分可用作攻讀學士學位之一部分。」就功能言，具有下列四端：

1. 大衆的高等教育（Popularizing Higher Education）　給予各地中學畢業生及未受大學教育的成人，以進大學之機會。

2.**準備**（Preparatory）的教育　對於升入高級學院或專門學校的學生，給予二年之標準大學教育或專業工作預備訓練。

3.**終結**（Terminal）的教育　使學生對於某種職業與社會公民資格，能有二年之準備。

4.**指導**（Guidance）的教育　協助青年學生調適其生活，並從教育與職業方面，予以適當之指導。

至於一般初級學院的課程，統括爲四類：(1)基本科目，側重普通教育及文化的陶冶；(2)高深研究的預備科目，旨在獲得學士或更高之學位；(3)半專業科目（Semiprofessional Courses），爲升入專門學校之預備；(4)職業科目，爲直接從事某種職業之所需。

（二）社區及技藝學院（Community and Technical Colleges）

社區學院，係實施第十四學年或大學二年級以下之終結性或半專業性的教育機關，亦有修業四年者。其目的在以教育服務整個的社區。由於各社區之需要不同，故社區學院之功能及教學科目，亦彼此互異。紐約州對於社區學院，曾作如次之解釋：「社區學院爲實施職業資格之預備及社會生活中心教育的機關。」就地區言，有地方公立、區立及州立社區學院；就性質言，多屬技藝或應用文理科學專科學校（Institute of Applied Arts and Sciences）。就課程言，大約分爲四類：(1)半專業及專業教育；(2)工藝及技能訓練；(3)成人教育；(4)普通教育。依據國防教育法案的解釋，所謂技藝學院，即

「招收高級中學卒業生，實施爲期二年之高等教育，旨在培養工程、數學、物理或生物科學等各方面之技術人員，此等人員亦卽稱爲熟悉工程、科學、或其他工藝學（Technology）部門之基本知識，並擅長學以致用之半專業人員。」

（三）普通學院（General Colleges）

普通學院，顧名思義，爲實施普通教育之學院。其目的在使學生對於所生活的世界及社會制度，具有廣泛的了解。修業期限，一至二年不等，而以二年爲常，期滿可轉入高級學院。所授課程，包括自然科學，社會科學，英文及文學，指導，歷史及政府等五類科目。

（四）文理學院（Liberal Arts Colleges）

此類學院，大率分爲兩類：一爲獨立文理學院，一爲大學文理學部（Division of Liberal Arts of University），後者多設於規模較大之大學內。其目的在實施博藝教育，專業預備訓練，及某種程度之專門教育。通例四年畢業，前二年爲普通教育，後二年爲專門或集中科目。修業期間，學生爲取得某種學位，可集中修習某類科目，但其教育主旨，乃希望全體學生廣爲涉獵下列三類課程：人文科學，自然科學，及社會科學。此等學院，多係私立。

（五）市立學院及大學（Municipal or Urban Colleges and Universities）

此類學院及大學，由市教育董事會管理，經費則由市政府負擔。亦有由市政府及州政府共同負擔者，如底特律市（Detroit）之魏尼大學（Wayne University）是。市立學院及大學，規模大小不一。其中紐約市立學院，規模龐大，下設市區（City）、市有（City-owned）、亨特（Hunter）、布魯克林（Brooklyn）、及皇后（Queens）五所學院。自一九六一年起，與紐約市區之三所社區學院合併，改稱紐約市立大學（The University of the City of New York）。此等學院及大學，為數雖少，但其影響甚大。

（六）大學

所謂大學，類皆規模龐大，院系繁多，通例包括四年制本科，哲學博士研究科，及醫學、法律、工程及其他高等專門學院。依經費來源分，可別為下列二類：

1. **州立大學**（State Universities）　由各州高等教育董事會管理，經費由州政府負擔。原則上為州內之大學教育機關，但其活動，常擴展至其他各州，甚至其他國家。

2. **私立大學**（Private Universities）　美國之容許私立大學，旨在促進公立大學之進步；蓋私立大學在教育上與公立大學之競爭，宛如市場上之商業競爭然。一般私立大學，多由董事會（Board of Trusties）管理；該會係由校內行政人員及校外捐款人士所組成。

（七）公地學院及大學（Land-Grant Colleges and Universities）

所謂公地學院及大學，係根據一八六二年美國國會通過及一八九〇年修正之莫利爾法案（Morrill Act）的規定，每州有參衆議員各一人出席於國會者，得由聯邦政府給予三萬英畝之公地，以其收益補助「科學及古典學科以外之農業及工藝（Mechanic Arts）教育，軍事訓練亦包括在內。」一八九〇年起，改爲每年給予各州一萬五千美元。接受此項補助的學校，有州立大學，農業或工業大學及學院，初級學院，師範學院，及實施黑人教育的高等專門學校。

一般公地學院及大學，通例負有教學、研究及推廣等三大任務，而尤以推廣爲首要工作。例如公地農學院之推廣工作，卽由三方面進行：第一、爲農業知識之推廣，亦稱「農場推廣」（Farm Extension），卽將各種新興之農業技術及農業經濟知識，介紹予各農場；此種工作，由各縣之農業推廣指導員（County Farm Agents），率同各助理推廣員在農學院所派之各專家協助下行之。第二、爲家庭推廣（Home Extension），卽以鄉村農家爲推廣對象，由各縣家庭示範指導員（Home Demonstration Agents），率領各助理指導員，在各專家協助下行之。其工作內容，包括家庭房屋佈置，食品調製，子女教育，環境衞生之改善，家人情感之調和，以及一切有關家事及家庭經濟措施之改進事項等。擔任家庭推廣工作的人員，全部爲女性。第三、爲農村青年的組織及訓練，以四健會運動爲中心，而配合其他之青年組織。其目的，在於培養農村青年男女之心身健全，手腦並用，及思想純潔。

其次，各公地學院及大學的男生，除身體衰弱或年齡較小者外，一律須接受軍事訓練。軍事教官，由作戰部（War Department）派員擔任。

（八）專門學校（Professional Schools）

自一六三六年，以訓練教會牧師爲旨趣的哈佛學院（Harvard College）成立後，由十八世紀中葉開始，美國各大學及學院，遂漸次重視專業教育。一七六五年賓夕凡尼亞大學（University of Pennsylvania）增設醫學部；一八一七年哈佛大學增加法學院；一八二三年威爾滿州由霍爾牧師（Reverend Samvel R. Hall）創設一所私立師範學校；嗣後各地相繼設立牙科、藥學及其他專門學校。但由於藝徒制（Apprenticeship System）之興起，致使此類專門學校之發展，大受影響。

（九）研究院（Graduate Schools）

美國的教育制度，以研究院或高等專門學校（Advanced Professional School）爲其頂點。素來學院與大學的區別，卽前者祇設大學本科，後者則兼設本科及研究科。不過，事實上有些學院設有研究部，有的大學又僅設大學本科。目前除一般專門學校以研究爲中心工作外，有些大學亦以研究院爲其研究中心。一八七六年，霍布金斯大學，卽首先設置研究院。華盛頓的賀瓦大學（Howard University），由於各州對於在該校肄業的本州學生，常給予獎學金，故該校大部分學生，均在研究院研究。

所以，就今後之發展趨勢觀察，美國的各專門學校固以專門研究爲主，一般大學亦將以研究院爲中心。茲將研究院的各種學位，簡介如下：

1. 碩士學位 (Master's Degree) 凡取得學士學位者，如擬獲得碩士學位，必須符合下列規定：(1)繼續研究，至少一年；(2)修滿固定之學分或三十學期時數 (Semester Hours)；(3)通過初試及綜合考試 (Preliminary and Final Comprehensive Test)，包括口試及筆試；(4)完成研究設計，繳納論文或同等著作，或完成高深研究學程。上項規定，係就一般而言，各校規定，不盡相同。例如教育碩士學位，哈佛大學及伊利諾大學 (University of Illinois)，規定取得學士學位者，須繼續研究二年；芝加哥大學 (University of Chicago) 的碩士學位，其授予不以研究成果爲基準，而視研究者有無長期研究之意願；蓋該校認爲某些學生，目前雖不能運用試驗及統計方法，然今後却願一直從事研究工作，實較業已了解並具有研究結果而不願從事長期之研究工作者爲佳。此外，尚有若干研究院，設置碩士與博士學位之間的中間學位 (Intermediate degree)。

2. 哲學博士 (Doctor of Philosophy) 美國大學研究院及高等專門學校，類多授予醫學、牙科、及哲學等博士學位。哲學博士學位之授予，各校規定不一。通常一位博士學位候選人，於取得碩士學位後，至少再研究二年，修滿規定之學分或七十五至八十學期時數，繳納博士論文一篇或同等著作，具有閱讀二種外國語 (通例爲法文及德文) 之能力，並通過筆試及口試者，始能領受學位。

3. 教育博士 (Doctor of Education) 教育博士與哲學博士之主要區別，不在程度高下，而爲着重點不同。前者重視教學或行政專業能力，後者側重外國語及專門科目。例如有的大學研究院，即規定教育博士候選人，須具有三年之專業教育的教學經驗。

4. 高深研究工作（Postdoctoral Work）　目前美國哥倫比亞大學師範學院（Teachers College, Columbia University）及其他少數研究機關，設有此項學程及獎學金。旨在鼓勵已獲哲學或教育博士學位而有志繼續從事高深研究工作者，完成其研究計劃。此種獨立性之研究工作，在美國各專門學校及專門事業中，已日益發達。最近復有人主張，凡獲得碩士或博士學位者，於獲取學位後之十年內，在專業上如無確切之成績表現，即取銷其繼續享有此項學位之資格。

二、英　國

英國的大學，種類繁多，依其性質，別爲下列四類：

（一）牛津（Oxford）與劍橋（Cambridge）大學

此二所大學，雖係私立性質，但屬於全國性者，絕非代表某一特定之區域。早在十二世紀時，即已成立；無論學校行政組織及設施，均有特殊之點。其組織乃由若干自治的，自設齋舍的學院及學社（Societies）組合而成。各學院及學社，均自建校舍，自設人員。正式課程，則由大學設置。教育方法，即是衆所週知的個別教學的導師制（Tutorial system of individual instruction），此種制度雖無特殊意義，但却沿用迄今，而未作絲毫改變。每週舉行會議一次，由一位導師指導。事先由學生撰寫論文，論文內容則爲導師指定的功課，討論時即以各生之論文爲依據。此種會議，原以導師與學生之個別接觸爲主，故於一所小學社（Academic Community）內（牛津大學，現有三十六個學院，每學院平均住一七〇名學生；劍橋大學，現有二十三個學院，每學院平均住二七〇人。）每名學生均有與導師個別接觸的機會，利用頻繁之接觸，導師對於學生，遂施以有形無形之教育。此種教育，對於學生個人品格之培養，具有莫大之效益。英國教育家，每視個人品格之培養，爲一切目標中之最要者，當不無原因。

(二) 地方大學

英國第二類大學教育機關，即是地方大學（Provincial or Civic Universities），依成立先後言，計有杜爾罕（Durham 1832），曼徹斯特（Manchester 1880 設於維多利亞 Victoria），伯明罕（Birmingham 1900），利物浦（Liverpool 1903），利茲（Leeds 1904），雪非爾德（Sheffield 1905），布律士托（Bristol 1909），累汀（Reading 1926），諾汀罕（Nottingham 1948），蘇士安浦登（Southampton 1952），胡爾（Hull 1954），愛克司特（Exeter 1955），黎塞斯特（Leicester 1957），索塞克斯（Sussex 1961），及克里（Keele 1962）等多所，最近又分別於 East Anglia（1963），York（1963），Essex（1964），Lancastei（1964），Kent（1965），Warwick（1965）建立六所新地方大學。此等大學大都設在

人口集中的區域，俾便多數學生，得有接受大學教育的機會。大學的各學院，無論校舍設備，均較各學院聯合組成的一種「散漫的邦聯」(Loose Federations of Constituent Colleges) 的大學爲優。

(三) 倫敦大學

倫敦大學，爲英國境內一種獨具風格之大學。由下列三大部分所組成：

1. 第一部分，稱 University Institutes (其中有一部分屬於研究院性質。)，計有歐洲藝術、大英國協 (Commonwealth)、教育、歷史研究、地中海文化、德國文藝、法律、及古典文學等八所 Institute，另有一所稱爲 School 的「斯拉夫集團與東歐學院」，合計十九個單位。上述之 Institute，有的爲研究院，有的與 School 相似，均係大學內的一所學院，並設有研究所。

2. 第二部分，稱 Schools of the University，計有女子綜合學院一所，文理學院三所，理學院一所，理工學院一所，文理工學院一所，文法學院二所(一所稱爲經濟學院，一所稱東方非洲學院)，醫學院十所，牙醫學院二所，衛生及熱帶病學院一所，防疫學院一所，醫理研究院一所，文理醫學院一所，文理醫工經濟學院一所，藥學院一所，醫農學院一所，獸醫學院一所，理農學院一所，理醫園藝學院一所，文法醫理工學院一所，神學院兩所，合計三十四所學院。上述各學院，有稱 College 或 School 者，亦有稱 Institute 者。有的稱爲「帝王學院」或「皇后學院」，也有稱某某學院者，吾人殊難就其名稱，窺測其內容。各學院之規模，大小不一，均係獨立自主者。各學院所設之學系，複雜萬端，幾難於說明，且大都設有研究所。

3. 第三部分稱 Institutes with Recognized Teachers，似可用研究講座稱之。計有文學、美術、音樂、醫學、數學、及理化等十六個研究小組。

上述各學院，雖均設置大學程度的課程，但不授予學位，各學院學生的學位，概由倫敦大學授予。原來上述若干學院，本為設於城鎮的一種地方大學學院，由於時代的演進，設備的充實，遂有若干學院脫離倫敦大學，而成為一所獨立大學。如伯明罕，曼徹斯特，及諾汀罕等大學，均係新近由大學學院擴充而成的。其中諾汀罕大學，在一九四八年，始由大學學院改稱今名。

（四）獨立學院

英國大學的第四種型式，卽是獨立設置而與大學具有同等程度的學院 (Institution)。此等學院，多係農工性質。學院本身，卽可授予學位及文憑。在此等獨立學院中，成績優異堪與大學媲美者，為數甚多。此等學院，有與一種特殊之大學保持密切聯繫者，如曼徹斯特工學院 (Manchester College of Technology)，卽與曼徹斯特大學，具有密切關係。猶如美國的獨立工學院，與綜合大學之間的關係相似。亦有獨立設置不與任何大學發生關係者，其情況與美國麻州工學院 (Massachusetts Institute of Technology) 相同。若干年來，關於此等學院有無獨立設置必要，時有爭論；特別在第二次世界大戰以後，由於急需訓練技術人才，遂又引起廣泛的注意與研討。

自一九六二年四月一日起，爲培養技術專才，先後設置十所高等技術學院（Colleges of Advanced Technology，簡稱CATS）。此等學院，由地方教育行政機關管理及維持，成立之初，即承認彼等具有國立機關（National Institutions）的地位，其經費及行政管理大權，賦與依委託書（Trust Deeds）條例單獨組成之管理團體（Governing Bodies），並直接接接受教育科學部之補助。一般管理團體之構成分子，包括企業界，地方行政機關及院內學術人員的代表，通例掌有治理校務及在核定經費項下設置科系之權。修業期滿，可獲技術文憑（Diploma in Technology），或參與倫敦大學校外及校內學位考試，或通過考試後領取各類專業資格證書。目前，並設置部分時間課程，惟選讀此類課程之學生，多以轉入技術學院爲目的。最近，英國教育當局，已採用若干措施，鼓勵各高等技術學院，取得大學地位，而具備授予初級及高級學位之能力。

三、法　國

（一）國立大學

法國共有二十三所國立大學（Universite de l'Etat），分佈在全國二十三個大學區的首要城市，其名稱與大學區同。原則上，每所大學包括轄區內一切隸屬於國民教育部下之高等教育機關，又隸屬其他各部之同級教育機關或科學研究事宜之一部分；府、市、商會或基金團體所經營之高等教育事業，亦得經特殊許可而附屬於大學各科之下。各大學亦得於某項情況下，在其他之大學區地域內設立附屬機關，並可在國外設立學校。

各大學除所設之各科外，尚有各種研究中心或專門學院，全國各大學共有一百五十餘所附設專門學院。此等學院，有訓練礦冶、電機、化學工業及冶金等工程人員者，亦有從事生物化學、氣象學、心理學及生理學等專門學科之研究者，各種專門學科，幾乎均有學院以從事高深之研究。

(二) 高等專門學校

國立高等專門學校（Grandes Écoles），爲培養政府各行政部門、工業、教育及軍事機關之行政與視察人員的機構。此等機構，大都由中央各部會自行設置，各自訓練其所需之高級職員，並養成一批合格的專門人才。有的學校，如分設於聖克勞（Saint-Cloud）及芳丹沃露（Fontenaryaux-Roses）的兩所高級師範學校，即係國民教育部所設置者。其餘高等學校，如多藝專門學校(Polytechnic School)，公共事業專門學校（Special School for Public Works），拓殖學校（Colonial School），農學院（Agronomic Institute），以及各種軍事學校，如聖塞爾（Saint-Cyr）軍官學校等，均係各部自行辦理者。

凡擬入此類高等專門學校攻讀者，必先通過一種艱難之競試，其錄取標準，取決於考試成績及招收名額。通例於取得學士學位後，尚須在高等專門學校預備班研習一或二年，以爲參與入學競試之預備。依規定考生年齡至少須滿二十歲，始得准於升入此類高等專門學校。修滿全部課程，由各校舉行考試，及格後領受一種專門證書；或參與國家考試，通過此項考試者，領受一種證書，並得受任國家公職中之專門職位。

（三）私立大學

依據一八八〇年三月十八日法令之規定，私人得於法國境內創辦大學教育機構，但只得稱爲Institut（學院）或Ecole（專門學校）。全國計有六所私立大學，除一所基督教神學院外，餘均爲天主教辦理者，如頗負盛名的巴黎天主教學院（Institut Catholique de Paris）是。

（四）大學學院

一九五九年教育改革令公佈後，即設置一種大學等級的新制專門學院，此等學院稱爲大學學院（University Colleges）。其間亦有舊制專門學院改組而成者。此等學院，類多設於尚未設置大學之大都市。大多數的大學學院，均屬於理工科性質，旨在實施理工科方面之高深訓練。至一九六〇年十月，全國已設有十二所新制大學學院。此等學院通例修業一至二年，但不授予碩士（Licence）學位，惟有少數例外。法國人以爲此項改革運動，旨在促進法國大學之民主化。預期不久的將來，此等學院，或可擴充爲大學。

（五）獨立的高等學術研究機關

此類機關，既非國民教育部或其他各部所設置，亦與大學無直接關係，旨在從事各種專門學術之研究。茲將二所重要之研究機關，簡介如次：

1. 法蘭西學社（Collège de France） 其目的在於從事自然及社會科學之研究及教學。一切講演，均係公開，既不發給文憑，亦無考試規定。研究科目，分為下列三類：(1)數學、物理及自然科學；(2)哲學及社會學；(3)史學、語言學及考古學。

2. 政治學校（Institut d'Études Politiques） 以研究政治學、經濟學及社會學為主旨。招收持有學士文憑，或具有同等資格之外國學生，修業三年，第一年為預料，第二、三兩年為正科。如取得碩士學位，或曾在國外大學肄業二年之外國學生，即可逕入正科班肄業。

此外，尚有高等社會學校（École des Hautes Etudes Sociales），高等國際研究學校（École des Hautes Etudes Internationales），高等新聞學校（École Supérieure de Journalisme），此三種學校，均招收持有學士文憑或具有同等資格之外國學生；修業二年，第一學年期滿，由校發給證書；第二學年期滿發給文憑。

四、西德

(一)大學

德國大學，係綜合性質，旨在研究並普及學術，及養成研究人才和專業人才，均由邦政府設立。其入學資格，爲領有成熟證書之中等學校畢業生，或經資格考試及追認考試及格者。其修業期限，因性質而異，但以四年爲常。

(二) 單科大學

此等大學具有學位授與權，亦由邦政府設置者，其入學資格及修業年限，與大學同。

(三) 高等學校

此類高等學校或學院（Hochschule or Akademic），旨在普及學術或藝術，有邦政府設立者，亦有私人及宗教團體設置者。凡具備中等學校成熟證書，或通過大學入學考試者，均可入學。其修業期限，二至四年不等。

(四) 師資訓練機構

此等機構，以培養國民學校及中間學校教員爲主旨，除部分爲私人辦理者外，餘均由邦政府設置，其入學資格與高等學校同，通例三年卒業。

五、日　本

(一)短期大學

此類大學之來源，共有三種：一爲原來名爲大學，而實際上並不合大學之標準者；二爲舊制之專門學校而未曾在文部省備案者；三爲舊日之補習學校。以上三種，現今一律改稱短期大學。短期大學之設置，始於昭和二十五年（公元一九五〇年），當時經日本文部省承認者，私立計一三三校，公立十七校，此後年有增加，據昭和四十一年（公元一九六六年）五月的統計（註一），全國計有短期大學四百十三所。其中國立者，佔百分之五點八，公立者佔百分之九點四，私立者佔百分之八十四點八。短期大學之授課，通例分爲日間及夜間兩種。其修業年限，分爲二年或三年兩種，依規定前者須修滿六十二學分，後者須修滿九十三學分。至於入學資格，一如普通大學，招收年滿十八歲之高等學校卒業生。

(二)單科大學

此類大學，規模較小，所設科門亦少，其修業年限，亦長短不一，通例四年畢業，但不稱大學而稱單科大學。此等大學共分三種：第一、以造就技術人員爲目的，如東京電機大學等是。第二、以造就醫生爲目的，如東京醫科大學等是。醫科及齒科大學，均係六年畢業。畢業後須實習一年，實習期滿並通過醫師考試者，始能取得醫師資格。第三、以造就師資爲目的，如東京教育大學等是。

(三) 大　學

此類大學，規模既大，科門亦多，故不冠任何科目之名稱，而直稱大學。各大學所設之學部，多則八、九學部，少則一、二學部，前者多屬國立大學，如國立東京、北海道、京都、九州等大學，皆由八、九學部所組成。後者多係私立。大體言之，理、工、農、醫等學部，屬國立大學者佔半數以上；文、法、政、經、體育、藝術及宗教等學部，屬私立者佔百分之六十以上。據一九六六年五月的統計，包括單科大學在內，全國計有大學三四六所（註二），其中國立大學佔百分之二十一點四，公立大學佔百分之十點七，私立大學佔百分之六十七點九。（註三）依規定，大學四年須修滿一百二十四學分。

此外，尚有一種女子大學，其名稱雖未冠科目之名，而直稱大學，實則一般女子大學，多爲單科大學，其前身均係舊制女子專門學校。

(四) 大　學　院

日本新制大學院，相當於美國大學研究院。據一九六六年統計，日本境內設置大學院之大學，國立者五十所，公立十八所，私立八十一所，合計一四九所。各大學院內分設若干研究科，少則一科，多則八、九科。日本新制大學院，與戰前日本大學中之大學院不同，戰前之大學院，既無一定之課程，亦無確定年限，對於某一科有研究心得或發明者，可提出論文，由文部省授予博士學位。現今新制大學院，與美國大學研究院相同，課程及年限，均有確切規定。凡大學畢業取得學士學位者，繼續在大學院研究二年以上，修滿三十學分，並提出論文，經審查合格者，可獲得修士學位。嗣後如再繼續研究三年以上，修滿二十學分，提出論文經審查合格，並通過考試者，即可取得博士學位。此種制度與日本原有者不同。戰前日本學位授予權，操於文部省，且所授學位，不冠某某大學字樣，現今則分別在學位上加某某大學之名，如東京大學文學博士等是。

此外，尚有一種與大學院性質相同的國立大學附設研究所，分爲文、理、農、工、醫及其他等六類。其研究員的任務，在於承受政府指定的部門作深入之研究。研究人員，並可支領薪俸。其俸給分爲五級：研究管理者一級，研究調整者二級，指導研究者三級，獨立研究者四級，從事初步研究者五級。

（五）高等專門學校

一九六二年，日本教育當局，爲適應工業專技人才起見，乃創設工業高等專門學校（Technical College），招收中學校畢業生，修業五年。前三年課程與高等學校相類，後二年課程，與短期大學之程度相近，故在日本學制上，此類高等專門學校屬於高等教育範圍。依規定五年修業期內，須修滿六五四五學級時數（Class Hours），其中包括三六四〇學級時數的專業科目。(註四)據一九六六年五月統計，全國計有高等專門學校五十四所，其中國立四十三所，公立四所，私立七所。

(六) 國立工業教員養成所及國立養護教諭養成所

日本文部省為改善工業教育，乃於一九六一年創設國立工業教員養成所，以培養工業學校師資。招收高等學校畢業生，修業三年，在學期間大都可獲獎學金。

至於國立養護教諭養成所，首創於一九六五年，旨在培養低能兒童的教師，其修業年限與四年制大學相同。

六、蘇俄

蘇俄大學教育機關，依性質分，可別為五類：⑴工程及工業；⑵農業；⑶社會經濟；⑷教育；⑸衛生。據一九六四年統計，蘇俄境內計有大學四十所；多藝及單科工業學院二〇四所；農學院九十九所；醫學院八十所；經濟學院三十所；體育學院十八所；藝術專門學校三十四所，其中音樂專門學校或音樂學院十二所；此外尚有法學院及教育學院各若干所。至於未經正式統計的若干軍事、安全警

察，及黨務學校，雖屬於大學教育機關，但從不公布施教概況。（註五）

（一）大學

大學爲一般理論研究中心，大都屬於綜合性質。全國大學，皆由國家辦理，故稱國立大學。下設若干院系，均以傳授基本科學爲主。其修業期限，通例爲五年，大學研究所，則招收大學卒業並具有兩年以上之工作經驗者，研究三年，期滿授予「選士學位」(Degree of Candidate)。一般大學，所設院系雖不儘相同，但以設置物理學、數學、生物學、化學、地質學、地理學、史學、語言學及其他類似之基本科學的院系者居多。例如莫斯科及列寧格勒 (Leningard) 兩大學，尙設有藝術史學系及東方文化研究系，此等學系，其他大學，甚少設置。至於語言學系，非但研究文學及語音學，尙開設種類繁多的語言科目；據統計一般語言學系所設之語言科目，多達七十餘種，除蘇俄境內各地方言或地方語外，外國語言，由英語、德語、法語、直至哈薩克語 (Kazakh)，希臘語及越南語等。

蘇俄大學，大都以培養學生成爲科學家、學者、語言學家、史學家及其他各類學人爲宗旨。一部分的學生，修滿大學課程後；在中等學校擔任教學工作，因此蘇俄教育當局，爲增進一般學校教師之教學技能起見，遂規定大學生於修業期間必須修讀心理學，教育理論及教學法之類的教育專業科目，並從事若干期間之教學實習。

二、高等專門學校

所謂高等專門學校（Instituty），多係經濟機構中之特殊部門，如工業、文化、運輸、商業及農業等團體所設置者。此等學校，原爲各種特殊部會所設置，用以訓練所需之專門工作人員者；自一九二〇年起，各部會所屬農場及工廠之從業人員，亦可分別進入此等學校之相關科系深造，如經理、副經理、監工，以及從事實際工作之工人，均可進入有關科系，研讀三或四年之高深理論科目。

單科學院，大都設置三至五學系，依學科性質，分別施以四至六年之專門訓練。通例法學院，經濟學院及農學院，其修業期限，定爲四年；教育學院五年畢業；工學院如電機工程，鐵道運輸等科系，修業五年半；醫學院六年畢業。

蘇俄高等專門學校，因係各部會依實際需要而設，故其所需經費，悉由設置學校之有關部會撥付。此等學校，現今不再招收在職工人，大都招收技術學校及十一年制學校畢業生，其收生標準，如一般大學同。普通從事工程訓練的學校，常稱爲高等工業教育機關（Vysshie Tekhnickeskie Uchebyne Zavedeniya），簡稱 VTUZY。各部會所設高等專門學校，大都屬於 VTUZY 性質。目前尙有一種工科大學，此種大學分別以二十四種多藝及工業學院的名稱設立之。

所謂多藝及工業學院（Politechnicheskie i industrial'nye instituty），實係一種多科學院，通例設六至八科，全國四分之一的工程人員，大都出身於此等學院。此等學院，多係應用科學性質，如機械、冶金、石油、工程、礦冶工程、電機工程、化學工程、機械建築、水利工程、海事工程等是。一律五年半畢業。在性質上與各部會所設之高等專門學校相同，惟其行政體系，不附屬任何工業部會，亦不受任何工業部會之管轄，而由聯邦高等暨中等專業教育部直接管理。此等學院，大都設於蘇俄境內之重要工業及行政中心，以配合實際需要。

（三）獨立學院，高級學校及音樂學院

蘇俄高等教育機關，有時稱爲獨立學院（Akademii），如狄曼亞查夫農學院（Timiryazev Agricultural Academy），列寧格勒之木材工業學院（Timber Technology Academy）等是。有時又以高級學校(Vysshie Uchilishcha)稱之，如莫斯科之鮑滿高級工業學校(Bauman Higher Technical School)，及河海運輸高級學校（Sea and River Transport Higher School）等是。培養音樂人才的機構，則以音樂學院（Konservatorii）稱之。

綜觀上述六國之大學教育機關，大率別爲兩類，一爲綜合大學，一爲單科專門學校或專科學院，前者規模較大，修業期限諸多統一，後者領域狹窄，肄業年限因性質而異。且由於各國社會背景及民族傳統不同，故對於綜合大學及專門學校或專科學校所負之任務，亦彼此不一。大別言之，可分爲三類：

㈠歐洲大陸國家，如西德、法、意諸國，以大學爲純然研究高深學術之所，而將技術專門人才的培養，委諸專門學校或專科學校。顯然採取「學」與「術」分途並進的辦法。

㈡美國大學及專門學校，均設置學術性及專門性的課程。無論大學或專門學校，最初之一、二學

年，均須修習文理學科，使學生獲得廣博的研究基礎，進而從事專精而高深的研究。此項措施，顯係「學」與「術」兼籌並顧的方法。

㈢蘇俄的大學及各種高等專門學校，在以訓練專門人才及組織幹部，供國民經濟及政治各項特殊方面之需用爲其主要任務。頗有以「術」統「學」之勢。拉丁美洲國家的大學，亦側重教導學生，使其具有從事各種專業之知能。故此等國家之大學，類多注重工程師、商業管理人員，以及生產技術和管理人員的訓練。此無疑爲「寓學於術」的方法。

查我國專科學校的宗旨，依專科學校法第一條規定：「專科學校，依中華民國憲法第一百五十八條之規定，以教授應用科學，養成技術人才爲宗旨。」觀此，可知我國大學及專科學校，顯然採取「學」與「術」分途並進的辦法，而與歐洲大陸國家所取的路徑相似。惟我國大學宗旨爲「研究高深學術，養成專門人才」，按文義解釋，所謂專門人才，當爲擅長專門技術之人才；且依「中華民國教育宗旨及其實施方針」第四項規定，「大學及專門教育必須注重實用科學」，再按字義解釋，實用科學，當卽爲可資「應用之科學」。由此可見我國大學與專科學校的宗旨，實大部分相同。其惟一不同之點，在大學修業期限四至五年，而專科學校僅二或三年；由是吾人亦可視專科學校爲大學教育之速成科。

從邏輯觀點言，專科學校所實施之教育，可視爲已經包括於大學以內。從學理方面觀之，專科學校在教育制度中應否享有獨立之地位，須視大學所負之任務而定：如以大學主要任務爲研究高深學術，類如歐洲大陸諸國，則專科學校當然有其獨立地位；否則如我國現制，專科學校，與「大學各學院附設專修科，修業二年」（見大學法第二十八條）之各種專修科，在性質上並無根本區別。因此，吾人以爲如擬維持現制，卽專科學校與大學分別設置，則專科學校的宗旨，亟應修正。玆依淺見，試擬我國專科學校之宗旨如次：「專科學校依中華民國憲法第一百五十八條之規定，以陶冶青年品格，學習專門技藝，養成促進國家文化及經濟發展之人才爲宗旨。」蓋農、工、商、家事、海事、及護理等專科學校，在於傳習專門技術，培養從事國家經濟建設之人員。新聞、師範、語文、及藝術等專科學校，則在學習從事此等工作之科學及藝術方法，以承擔文化推廣的任務。

近年來我國各獨立學院及專科學校，類多未能體察施教旨趣，肩負作育專材之任務，而多方企求擴充範圍，延長年限，一變而爲大學。因此，所謂「升格」（實際應稱爲改制）運動，日趨普遍。深望最高教育行政當局，力本大學及專科學校宗旨，將一般獨立學院及專科學校導向正確發展之途徑，使純然研究高深學術的大學，與培育實用專才的專科學校，本着本身任務，對於國家社會，爲更大之貢獻。

【附　註】

（註一）據 Ministry of Education, Japan: Education in Japan, 1967, p. 55.

（註二）同註一。

（註三）同註一，p. 54.

（註四）同註一，p. 53.

（註五）詳見 Nigel Grant: Soviet Education, 1964, pp. 113–117.

第三章　大學的行政組織

一、美　國

(一)董　事　會

美國大學之最高主持機關爲董事會，亦稱管理會、監理會或理事會(Board of Trustees, Governors, Rectors, or Regents)。董事會通常以少數董事構成，皆爲無給職，多屬工商界，或各類專業方面之聞人。有時彼等並非大學卒業生，除充任董事職業外，對於教育工作並無關涉。依各大學之章程，彼等掌握財政權，並對於規定課程，任免教授，具有最後決定權；大學政策上凡有任何重大變動，必須經其同意。

私立大學之董事，多屬對學校有資助關係者；州立大學之董事，或由民選，或由州長委派，或由州議會依州長之推薦選任之。近年間有允許教授會代表列席並參加討論者，但無表決投票權。爲謀各方面之聯絡，近有由董事會、教授會及校友會組織聯合委員會 (A Joint Committee of the Board, Faculty and Alumni)，以資聯絡者。

(二) 大學校長

大學校長之地位，對外爲大學之代表，對董事會爲全體教授之代表，總攬大學一切教務、財務及事務；惟現今一般傾向，爲另置事務經理一員，在州立大學，彼自身亦爲董事之一，且往往爲董事會之主席。

關於教務之一切事宜，如入學、學位或榮譽學位之授與、教學、及畢業等等，均由教授會主持；惟教授會之決議，如含有重大改革在內，則須提請董事會認可。

州立或市立大學及學院之經費，列入州或市之預算內，故經費之籌措，不成問題；但在恃捐款之私立學校，則籌款乃成爲校長之最大任務。若干小型學院之院長，多出身教會職司，每具有異常之經濟手腕。無論何種專門之教育行政專家，或如何偉大之學者，苟缺乏此項技能，卽須避位讓賢。校長由各該校之董事會選充，任期間有長達終身者。所謂董事會實爲學校財產之經營者，握一校最高權力，儼有南面王之勢。近來各校校友會，以其亦負擔籌款事，漸起而與之爭權；但就全國一般情況觀之，其勢力猶甚小。

(三) 大學內部組織

校長以下，通常分爲三或四個部門：(1)總務部門 (Business Affair of the Institution)，設「事務

經理」(Business Manager) 一人，掌理全校總務事宜，通例稱爲副校長 (Vice President)。(2)訓導部門 (Supervision of all Noninstructional Services for Students)，設訓導長 (Dean of Students) 一人(亦稱學生指導部主任 Director of Student Personnel Services)，或分別設置男生訓導或女生訓導(Dean for Men and for Women Students) 各一人。有些學校則分派年事較長之學生，充任年齡較輕之學生的顧問。在少數女子學院中，還創設所謂「大姐制」。(3)教務部門 (Instructional Program)，獨立學院或大學各學院之聯合，設教務長 (Dean) 一人，掌理各該校院之學術研究事宜。由於職責重大，常被視爲副校長。(4)對外聯絡部門 (Public Relations)，設主任 (Director) 一人，與副校長同等。掌理本校對外聯絡及交際事宜。

各大學爲推進學術研究工作，乃設置若干學院。專門學院如工學院，法學院及醫學院等。普通學院如文理學院等。有些大學，還將實施普通教育的大學一、二年級單獨組成一種「普通學院」。一所典型的美國大學，通常包括四年制的文、理學院，及研究院。在美國的術語中，所謂大學，乃是研究院與學院之總稱。有些美國大學，除設有文理學院外，尚有一所工商管理學院 (College of Business Administration)，或一所建築學院 (College of Architecture)，農學院、體育學院、甚至一所社會事業學院 (School of Social Work)；或一所護理學院、音樂學院、家政學院。至於工學院，可以附屬於大學，亦可單獨設置，著名之麻州理工學院，便係一例。在美國大學教育中，學院一詞，或以 College 名之，或稱 School，此二名詞，常交互應用，並無嚴格之區分。

各學院設院長一人，爲各院之行政首長。院內復分若干學系 (Department)。如工學院卽分爲機械工程、土木工程、電機工程、及化學工程等學系。文理學院，則分爲歷史、數學、哲學、英語等學系。各系設系主任 (Chairman or Head) 一人，爲該系之執行員 (Executive Officer)。

美國各大學的行政機能，可由各該院單獨執行，亦可由各大學的總辦公廳統籌辦理。如屬後者，在總辦公廳內卽設新生入學辦事處與註冊處。美國各大學，負學生教訓之實際責任者，則爲教授會 (Faculty)。該會主席，通常爲教務長。一般說來，教授會對於有關教育政策與學術問題的事件，常握有獨立自主之權力。教授會藉民主的程序，和議會立法的正軌，以及委員會的反覆討論等，而正式規定學生入學資格，頒佈學位條例，擬訂及實施教學計劃，並負責考核學生的成績。甚至負有指導學生生活之責。

在若干學校中，教務長或院長，受教授會的委託，只能代表教授會執行其決議案，個人幾無權力可言。然而在另些學校中，教務長或院長又操有莫大的權力，尤其對於有關人事和財政的事件。一個教授會，設以文理學院爲例，通常包羅多數教員。所以爲分工合作計，常在教授會之下分設若干學系，每一系負責一種學術研究與教育事宜。學系是教授會行政的基本單位，亦爲大學的行政基本組織。學系執行全體教授會所議決與其自身有關之事宜，而學系本身亦有立法的權力。例如教授會通過有關學位的通則，而系務會議則決定其實施細則。學系不但是財政和預算的單位，而且在全校中也是一個社會單位，因爲教授會中每一份子，照例也都是學系中的一個成員。新教員的提名，舊教員的升等，均須先經系務會議通過。至於系主任，多半由院長任命，然亦有由本系教授推選者。在若干美國大學中，系主任毫無權力，只不過執行教授會和系務會議的決議案。他是系務會議的主席，也是系務會議的執行員。然而在另些大學中，系主任又頗有權力。常被稱爲首長，並可長期保持其職權。另一方面，系主任一職，亦可由各教授輪流擔任，任期三至五年不等。所以各學系的每位教授，在其教授生涯中，至少有一次會輪流到系主任的職務。在美國大學中，凡屬繁重或榮譽的職務，每由各該校的教授分別負擔，絕少專斷情事。

在美國大學中，除上述各種機構外，尚有若干附屬單位。如負責修建校舍與管理事務的「校舍場地部」；保障學生身心健康的「醫務處」。此外，還有隸屬一所專門學院或研究院的職業指導部，負責指導學生選課，使其所選課程，能適合其興趣與需要。與這一部有密切關係的，便是職業介紹處，乃是爲畢業生謀出路而設立的。有的大學，尚設置一種測驗處，專司各種性向、成績和職業測驗之責。有的大學，則設置一種修學指導處，負責指導學生改進其修學習慣，增進其閱讀效率，有時並爲學生補習功課。在規模完善之大學中，尚設有暑期學校及推廣部，前者或爲正式生補修不及格的學程，或加修學分以便提前畢業，並使一般試用教員對於所任學科得以充實其內容，改進其教法。有些地方，則專爲外國留學生補習英文而設。後者乃是大學對當地社會的服務。授課時間，通常爲晚間或傍晚，或星期六上午，以便日間工作的成人，得有進修之機會。

總之，美國大學以董事會爲其最高權力機關，一般公私立大學或學院，均受董事會節制，而大學校長或獨立學院院長則握有實際行政大權。學術事務由各院系自行處理，但人事、經費及全校性的政策，則取決於董事會。校長代表學校出席董事會，並為一切計劃和預算之製定者，故校長個人具有極大的左右力量。由於以校外人員所組成之機關主持校內事權，其大學所享有之獨立自主權，祇限於學術事務，通例均以正式或非正式的聘約方式，規定教授的權利和義務。故美國大學所享有之自治，較諸歐洲國家的大學，頗見差別。

二、英 國

（一）牛津與劍橋大學

牛津大學由三十六所學院構成；劍橋大學包括二十三所學院。此等構成大學之學院，各為一獨立組織；每一學院設院長（Dean）、導師（Tutor）、事務員（Bursar），及管理員（Steward）。導師職務，為分別擔任一部分學生學業指導事宜；牛津大學所屬各學院並設置正式課程，惟劍橋大學之正式課程，則由大學設置。茲以劍橋大學為例，略述組織概況如次：

劍橋大學設校長(Chancellor)一人，為名譽職；由行政會議提名選出之副校長(Vice-Chancellor)，負實際行政責任，任期二或三年。輔佐校長執行校務之機構為行政會議（劍橋稱 Council of Senate，牛津稱 Hebdomadal Council)，由本大學有選舉權之教職員，各院院長及教授等代表組織之。

大學行政會議執行校務之報告，應受大學評議會（Senate）之審核。大學評議會之構成人員，包括校長、副校長、神、法、醫、理、文、音樂、哲學各科博士，以及神學科學士，醫、文、法、藥學等科碩士。

此外，重要機構有「教務會議」（Academic Council），以副校長，各「學科會議」所推出之代表一人，及大學評議會推選之代表八人組織之。該會議之主要職權，爲計劃並審議有關學科及考試事宜，並聘請副教授（Reader），講師（Lecturer），惟須經有關之學科會議同意。

學科會議之構成人員，爲各專門科目之教授，講師及考試員；其職權爲關於各該學科之教學及研究事宜。主要學科會議，有神學、法學、醫學、古典語學，中古及近代語言、數學、物理學與化學、生物學與地質學，史學與考古學、音樂、經濟學與政治學、以及農學等。

教授選任會之構成人員，爲副校長、及大學評議會推選之代表若干人（分別由大學行政會議，教務會議，及有關之學科會議各推代表若干人。），任期八年，選任教授時，至少須有該會構成人員三分之二出席，並有出席人員過半數之同意，始得確定。遇不能選出時，始得由校長直接聘任。

(二) 倫敦大學

英格蘭及威爾斯之地方大學的組織，大致相似。其最高權力機關爲校政管理處（Court of Governors），其中包括大學教職員，大學之贊助人，扶持人，地方政府代表，以及代表學生和校友之利益者；該處每年舉行常會，討論「行政會議」(Council) 提出之報告；並選任行政會議委員。行政會議對該處之關係，宛如董事會與股東大會之關係。此二機構均不干預屬於大學評議會 (Senate) 或各科 (Faculties) 之教務或學術事宜。

茲以倫敦大學爲例，說明組織概況如次：自一八五八年以來，該大學舉行之考試及學位授與，均公開於任何學院或非屬學院之學生，故實際上成爲校外生之考試及學位授與之機關；至一九〇〇年新組織法公佈，始網羅倫敦地區所有高等學術研究機構，而形成一種「散漫的邦聯」組織，自此始成爲一教學機關。

「大學」與各聯屬機關之關係，頗爲疎懈。大學之主要職能，厥爲規定課程，認可教員並確定其地位，舉行考試，及授與學位。關於財務方面，大學並無有效之控制辦法。中央政府及倫敦府議會之協款，素向直接分配於各學院及專門學院。

大學設校長及副校長。前者爲名譽職，由校政管理處推選；後者負實際行政責任，由大學評議會就該會議之委員中選任之，任期一年。

該校有所謂校外畢業生 (External Graduates)，乃爲若干始終未嘗在倫敦大學所屬院校肄業，但經許可參與校外學位 (External Degrees) 考試，而獲通過者，亦視爲該校畢業生；其所受之考試，一般相信其標準甚至高於校內生 (Internal Students)。此項辦法，使一般未能入大學門牆而自行努力學問者，亦有領受學位之機會。其間雖曾有停止此項學位考試之建議，惟因各方堅持保存甚力，一時當不致有所動搖。

總之，英國大學享有完全自主權，直接從國會受領津貼，與教育科學部無統屬關係，一校之最高權力機關，在牛津及劍橋大學稱為大學議會（Convocation），由全體教員和畢業校友所組成；在倫敦大學及地方大學稱校政管理處，由大學教職人員，地方領袖及地方政府代表等共同組成。大學議會及校政管理處之主要職責，在選任具有聲望的名譽校長，及研討若干重要問題。至於政策的決定和人事的管理，在地方大學為行政會議；在牛津及劍橋大學，則操於教授講師所組成的教員會議，牛津大學稱為 Congregation of the University，劍橋大學稱 House of Regents；復由該會推選行政會議，負實際計劃和建議之責。關於大學行政首長稱為副校長，牛津大學係由校長就各學院中提名互選，劍橋大學則由行政會議提名互選。任期定為二或三年。倫敦大學由大學評議會選任，任期一年。副校長僅為行政會議及其他全體集會的主席，必須通過會議方式始能決定人事的任免或校政的措施。足徵英國大學教授在學術事務上，享有極大的自由。

三、法　國

(一) 大 學 校 長

法國大學校長，亦稱大學區校長（Recteur d'académie），經教育部長推薦，由政府任命之。任此職者應有國家博士銜；通例係就曾任高等教育機關之教授者選充之，其職權頗廣：

1. 彼對於本大學區之高、中、初三級教育之行政人員，有監督之權；彼對於從事師範學校，國立及公立男女中學，大學各科行政或教授人員，每年應各加評語；凡須由教育部任用之人員，其人選均由彼提出；此外，彼並得直接任用某項人員。

2. 大學校長監督所轄區內一切教育機關之物質及精神生活。彼監視經費、行政，並留意保持紀律。彼對於以增進小學效能爲目的之學校扶持會 (Comités de Patronage) 爲當然委員，彼任命師範學校行政會議 (Conseil d'administration des Ecoles Normales) 之人員；彼爲女子國立中學及男子國立中學行政會議之主席；彼身爲大學之代表，編製大學之預算，支配其費用，每年並提出結算書於會議（在該會議中，由彼任主席。）。

3. 此外，彼對於教育事業本身亦具相當權能。彼有監督私立教育機關之權，審斷其是否違反國家教育方針、憲法及法律。在公立教育機關中，彼留意最高教育會議所議決課程及方法之遵行。彼主持新進中等教育人員試用事宜，彼時常視察師範學校，並對某類學生有斥退權力。彼有出席於小學教師所組織教育會議之權。彼對於本大學區內大多數之考試，行使其一般的監督權。彼發給證書及文憑，彼指定國立中學教授，使出席於學士考試 (Baccalauréat 卽中學畢業考試) 任評審員。

總之，大學校長之任務，爲代表中央政府執行關於公私立教育之一切法令及部令。彼當視察關於人員、行政、及教育等各項問題，並明確報告於教育部及其代表（中央視學員）。另一方面，彼又具有將三級教育形成切實的聯絡之必需權能；由彼審度各地方之財力及需要，務使相互融洽，而防止分離之趨勢，庶免有不利於國家教育方針之情事。彼又得伸張其個人的勢力於大學本身職務範圍以外，獎勵或促進私人創辦各類教育事業，以期增多各級學校教育之同情及贊助者。

（二）大學區的審議機關

1. **大學審議會**（Conseil de l'Université）　為本區大學各科代表所組成，大學區校長為該會主席，專司本區大學內部事宜。

2. **大學區審議會**（Conseil Académique）　由大學區視學員（Inspécteurs d'académie），大學各科學長，及大學、中學所選之代表所組成，大學區校長為該會主席。該會權限為關於中等學校行政、教員懲誡，以及屬於本區教育經費等事項之處理。

綜上以觀，可知法國大學，雖係國立，直隸於教育部，但各大學仍享有講學及研究之自由，政府對於大學教育政策，儘量避免過份干涉，而使大學成為一個强固的自治體。大學內部之主持機關，為大學審議會，由教授組成，以大學校長為主席。一般大學享有財政的獨立，其財務及校務，均由大學審議會經管。

四　西　德

大學學長，由大學自行選定候補人，提請政府任命之。其職權為：⑴國立大學審議委員會決議事項之執行；⑵評議會及教授會所決定之一般方針的推動；⑶商議會建議事項之處理；⑷經教授會同意，提請任用學部長，教授及助教授；⑸監督所屬職員，推進校務。

綜上所述，可見日本大學之管理，乃以實施澈底之自治為原則。私立大學，因屬「學校法人」，故其理事會具有基本之管理權力。國立或公立大學則設置教授會，評議會及協議會等機構以確保其獨立自主性。就以校長之任命制度言，一般公立中等學校校長，係由行政機關任命，指揮監督所屬教職員；但大學學長則依據協議會之推薦而任命，綜理校務，統轄所屬職員。其用意在尊重學術與思想之自由，以探求眞理為目標，並依據教育及學術應不受政治權力或社會勢力之干涉的原則。

六、蘇 俄

㈠ 概 述

蘇俄大學及高等專門學校校長，稱為 Rector；其他各類高等教育機關首長，一律稱 Director。此等校長或首長，綜理校務，舉凡學校行政事務及教學工作，均由其負監督之責。此等首長，在經濟方面，對各共和國教育部教育機關司 (Directorate for Educational Institutions) 負責；教學計劃，畢業生學位之授與，及科學研究工作，則對聯邦高等暨中等專業教育部負責。其任職及解職，在名義上由共和國教育部教育機關司管理，實際上由聯邦高等暨中等專業教育部執行。一般高等教育機關之行政首長，通例爲共產黨黨員，惟莫斯科國立大學例外，而由富有行政才幹之學人充任該校校長。副校長（Deputy Director）二人，其一，擔任學術及科學研究工作，另一擔任行政及財務工作。均爲非黨員，多係學識宏博之士充任。其任用及解職，前者由共和國教育部教育機關司薦請或提出，而由聯邦高等暨中等專業教育部核定；後者由校長任用。前者之主要職責如次：⑴倡導教學活動，並監督研究及出版事宜；⑵監督考試、日課表及教學進度計劃之擬訂與實施；⑶監督學生生產訓練計劃及活動；⑷監督學生與教員從事高級學位之研究，並督導研究生之訓練計劃；⑸考核講授性質及學術水準；⑹校長公出時，代行校長職務。一般規模較大之大學，則另設副校長助理人員，協助其監督部分時間的訓練計劃，及研究院的研究和教學事宜。後者之主要職責爲：⑴監督包括學生宿舍及衛生設施在內的學校各項設備；⑵監督校舍建築及修繕事項；⑶購置用具、儀器及設備；⑷監督學生餐廳食物之供應；⑸編造經費概算；⑹在經費事務上，爲校長之代表。其副校長之助理人員的人數及職責，視實際業務之繁簡而定。茲將蘇俄高等教育機關之行政組織系統，圖示如後：（註）

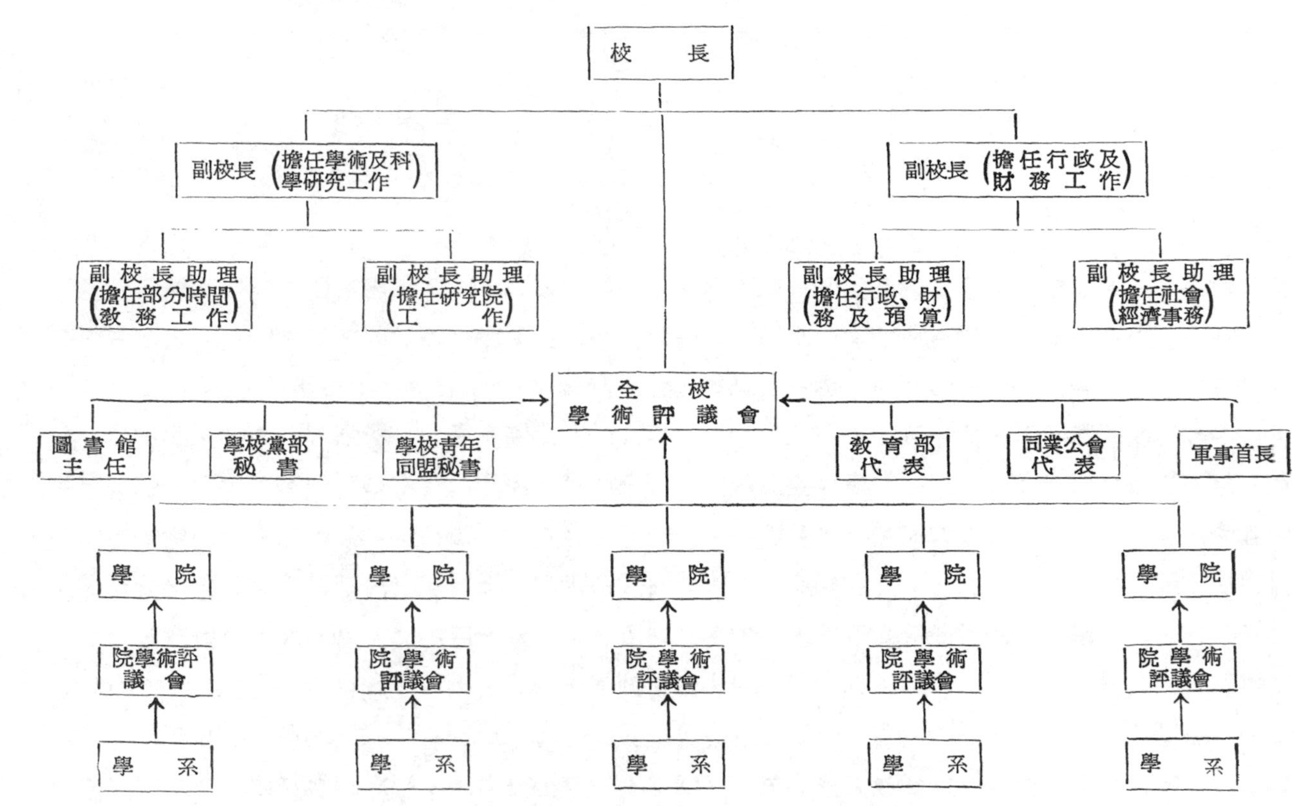
校長
副校長（擔任學術及科學研究工作）
副校長（擔任行政及財務工作）
副校長助理（擔任部分時間教務工作）
副校長助理（擔任研究院工作）
副校長助理（擔任行政、財務及預算）
副校長助理（擔任社會經濟事務）
全校學術評議會
圖書館主任
學校黨部秘書
學校青年同盟秘書
教育部代表
同業公會代表
軍事首長
學院
院學術評議會
學系
學院
院學術評議會
學系
學院
院學術評議會
學系
學院
院學術評議會
學系
學院
院學術評議會
學系

（二）學術評議會

蘇俄大學及一般高等教育機關之執行機構，即是學術評議會（Uchenyi Sovet）。該會主席，由校長充任，其構成分子，爲副校長，各學院院長、系主任、教授、圖書館主任、學校黨部秘書、同業公會代表、校內社會團體代表、及教育部代表。該會職權，大率爲討論關於學術之一般問題，擬訂研究及教學計劃，以配合共產黨的決策；搜集各學系之教學及研究計劃，綜合而爲全校性之總教學計劃；推薦教授及講師職位，審查科學選士及科學博士之論文答辯。該會每月至少舉行會議一次，其常設人員，統稱助教。

一般規模較大之學校，通例設有院學術評議會，由各學院院長擔任該會主席。該會之職責與全校學術評議會相似，如經聯邦高等暨中等專業教育部授予特殊權限，亦得審查各項學位之論文答辯。

（三）學院

蘇俄大學及高等教育機關之主要教學及行政單位，即是學院或科(Fakul'tet)，由若干有關之學系所組成。就大學言，大都設置數理、化學、生物、歷史及哲學等學院。經濟高等專門學校或經濟學院(Economics Institutes)，則設置工業經濟、農業經濟、商業經濟、財政信用、會計、及統計等科。音樂學院（Conservatory of Music），通例設鋼琴、管弦樂、聲樂、作曲、合唱、及歌劇等科。醫學院

(Medical Institutes) 類多設置內科、藥學科、及牙科。一般醫學院，內科爲必設之科系，其他各科，則分別設置之。全國計有十八所體育高等專門學校或體育學院 (Institutes of Physical Culture)。一般大學及高等專門學校或學院，通例設三至六個學院或科。

各學院首長，稱爲院長(Dekan)，由校長及學術評議會，就各該院教授中遴聘之。其職責大率爲管理學院內之一般行政事務，及教學研究事宜，擬訂未來發展計劃，並審核當前之進步概況。此外，尚負責辦理大學本科之入學考試，研究所研究生之甄選，以及遴選品學特優之學生，充任本學院教職人員。

一般教授及副教授，每日除擔任例行教學或研究六小時外，尚須輪流至院長辦公室，協同院長或副院長辦理有關事項，每日約三小時，並可支領額外津貼，此項津貼數目，相當於本人基本俸的百分之五十。

(四) 學系

學系 (Kafedry) 爲各學院之教學及研究單位。各學院所設學系數目之多寡，因學校性質而異。據一九六八年莫斯科大學手冊(Moscow University Handbook)所載，該校地理學院，設置下列各學系：普通自然地理、蘇俄自然地理、外國自然地理、蘇俄經濟地理、外國經濟地理、地形學、土地測量及地圖繪製、水文學、氣象學、植物地理、土壤地理、古生物地理、北極地理、及地理學史等學系。

各學系設系主任（Zaveduyushchii Kafedroi）一人，或由正教授充任，或由系內其他人員擔任，並不以學術地位之高低，爲擔任系主任之基本條件。各學系系主任，通例由學術評議會就各該學系教員中遴聘，送請聯邦高等暨中等專業教育部核准。其主要職責爲：⑴管理系內一般教學、科學研究及實驗等有關事宜；⑵監管圖書館、博物館及科學館與該學系有關之設備；⑶任用新教職員，教員之任用，須呈請聯邦高等暨中等專業教育部核准；職員之任用，須報請校長核准。此外，並擔任系務會議主席，每日尚須擔任教學或研究三小時。擔任系主任職務，可支領額外津貼。

各學系之教職員，除系主任外，通例有四至五名教授（Professory）；副教授（Dotsenty）、講師（Prepodavateli）、助教（Assistenty）、研究生（Aspiranty and Doktoranty）及擔任專門研究工作之研究員（Sotrudniki）若干人；此外，各學系尚有從事各項學術之專門研究的高初級研究人員，如實驗技術員（Laboranty）、及實驗助理（Preparatory）等是。

各學系所擬教學及研究計劃，須送請校長核定，視其是否切合國家之利益。一般學系擬定之年度研究計劃，大率包括教學概況，刊物出版，課外活動之輔導，及研究生之指導等事項。各學系主任，則負責監督本系教職人員的日常工作，是否合乎共產主義的基本路線，最近之政治思想有無重大轉變，並相機設法提高本系人員專業資格，及協助其完成具體之研究計劃。

蘇俄大學教授，素無休假（Sabbatical Leave）規定，惟蘇俄政府及共產黨黨部訂有「創造研究」（Creative Research）休假條例。所謂「創造研究」，即研究者所研究之事項，對蘇俄經濟建設具有重大貢獻。凡某一教授，其所擬之研究計劃，經學術評議會審查，認爲確有重大貢獻者，卽給予「創造研究」之休假機會。

各學系每月或每兩個月舉行系務會議一次，系內全體教職員，均一律參加。其中心事項，爲評論本系各科所用講義及各種教科書之內容，討論專門刊物之論文，研究教學設備及教具，審查新開課程之教材，論文大綱，研究生之研究報告，以及有關研究之一切事項。目前，各學系並負責審查各工業機關研究人員所送之研究論文。自第二次世界大戰以來，蘇俄政府竭力提倡工業機關與各大學保持密切聯繫，藉以增進工業之發展。

由以上各例，可知現代各國，除蘇俄外，對於大學均予以廣博之自由，國家權力僅限於物質方面，如校舍擴建，經費撥付，及重要職員任用等，至對於講學和研究，均聽由大學本身決定。蓋大學之任務，在於發明未來之知識，並光大已有之知識，其目的遠大，自不宜過重眼前之功利，而束縛其自由。

我國國立及省立大學，不設董事會，故不致踵美國權能旁落之覆轍。至於大學之講學與研究自由，則大學法或其他有關法令中，從無隻字道及。我國大學教育尙在成長期中，穩健之政策，亟宜確定；於此歐洲及拉丁美洲諸國之先例，頗多堪供吾人採取者。大學爲最高學術研究機關，與國民小學或中學不同，其物質的基礎需待政府爲之供應，其講學自由需待法律爲之保障，但大學研究風氣之形成，大學尊嚴之保持，則屬大學本身之責任。

【附　註】

（註）引自 U. S. Office of Education: Education in the USSR. 1968, p. 176.

第四章　大學的設立主體

當今各國對於大學之設立，不外下列三種政策：

(一) 公　　辦

如俄、法、西德、澳大利亞及拉丁美洲國家等是。就拉丁美洲諸國言，此等國家的大學，絕大多數爲國立大學 (State University)，幾乎所有的大學，均接受國家的經濟補助；即使爲數甚少的私立大學，通常亦由政府給予經費補助，只不過補助經費數目不及國立大學之多而已。

(二) 私　　辦

如英國、加拿大、及菲律賓等國是。英國爲保持傳統的學術自由，政府負擔經費，而由大學本身決定施教方針。加拿大魁北克省內，計有五所私立大學，其所需經費，悉由政府補助。

(三) 公　私　兼　辦

如美國、日本及意大利等國是。美國之容許私立大學，旨在促進公立大學之進步；蓋私立大學在教育上與公立大學之競爭，宛如市場上之商業競爭然。惟美國境內之私立大學，多未接受政府的津貼。

上述三種政策，孰是孰非，不必遽下論斷。蓋各國大學之發展，各有其歷史背景及社會情況，自不能以偏概全。英國比較教育學家韓思（N. Hans），認爲如就純粹學術研究之使命言，國家需使大學享有完全之自由；如就專門人才之培養任務言，國家自當保持監督考核的權力。故最佳的策略，即在大學獨立自主中略寓若干政府的管理權力，此種管理權，只限於經費及證書考試方面。至於大學內部的學術事務，則聽由大學自行處理，政府不必干涉。

我國大學除國立省立外，尚有私立大學，顯係採取公私兼辦政策。依部頒「私立學校規程」之規定，私定學校須受主管教育行政機關之監督及指導。惟以公款補助私立學校，法無明文規定。邇來我國社會安定，經濟繁榮，教育發達，學生人數激增，投考大專學校之人數年有增加。但中央教育經費因國家財力所限，無法大量增加，勢須私立院校與公立學校共同負起高等教育的責任。因此，鼓勵私人興學早經訂爲政策，足徵私立學校之地位日趨重要。

近年來國內私立大專院校，大都苦心經營，已著成績，於國家高等教育頗有貢獻。但無可諱言者，少數私立院校之辦理迄未步入正軌，而最大困難則爲經費缺乏。依據上項規程第十九條之規定，董事會原負有籌劃經費之責任。事實上除少數與教會有關學校外，其他私立院校之董事會，於創設之始既感基金之短絀，創校之後亦無法寬籌經費以供學校之發展。

學校基金來源，一部份固來自創校人之捐獻，但隨着學校之擴充與發展，更需要社會熱心教育人士之捐助。學校向社會募捐夙爲法律所許可，內政部於民國四十二年訂頒「統一募捐運動辦法」中特別列舉凡提倡文化教育事業者，經有關主管機關核准後，即可進行募捐。財團法人組織且有募捐辦法之規定。惟少數私立院校未循正當途徑募集基金，而以學生爲捐款之主要對象。於是發生强迫學生攤派或捐款情事。不特此也，若干私立學校每因校務發達，以致糾紛迭出。或因董事會自啓紛爭，或與校長發生爭執，其糾紛之來源，大抵屬於校產的產權或學校財務上的問題。吾人如擬繼續採取公私兼辦的政策，對於私立學校的財務及募集基金的辦法，自有加强管理的必要。茲爲杜絕私立院校强迫學生攤派或捐款，與夫免除財務上的糾紛起見，愚意以爲下列二種辦法，可供吾人採擇施行。

第一、以學生爲對象勸募基金固爲主管教育當局所不許，即於規定費用以外，向學生收取費用，亦爲法令所禁止。惟吾人認爲禁止私立院校向學生强迫捐款仍屬消極措施，積極方面應將學校爲建校而籌款的努力導向正當可行途徑。內政部的統一捐募運動辦法，適用範圍過廣，或不能適合學校之特殊需要，似應循此原則，由教育部單獨訂定私立學校爲建校用途勸募基金辦法，甚至規定必須辦理財團法人登記者始准向社會發動勸募；至於募集方式，時間及用途等，亦應於事前妥爲訂定。此外，大專院校收費之標準在不形成學生過分負擔之前提下，亦不妨視事實需要而作彈性規定，但專款專用的原則必須貫徹，且應嚴加監督。

第二、一般私立學校必須辦理財團法人登記。如未經登記爲財團法人者，即不准其開辦。且私立

學校的財產與財務一律依財團法人之規定予以管理。則今日若干學店式，衙門式，或私塾式的私立學校形態與流弊，必可納入正軌，而其財產與財務糾紛亦可制止。

今日之事，爲納私立學校入法律正軌，自須求之於制度而不苛責人事，訴之於法律而不依賴行政。如此則已存之私立學校自當從速辦理財團法人登記，新設之學校必先辦財團法人登記而後始准其立案。

吾人以爲下列幾項觀念，必須廓清：⑴私立學校決非私有財產。一所學校具備各項教育設備，集合若干教師與學生，即構成社會上公有之機構與組織。⑵捐助人既已認捐財產，出資人既已撥出資金，一經交付學校，即屬於學校之公產，不得再行收回。彼等的權力僅爲選定董事會，接受彼等的信託，保管彼等捐助的財產與資金，用於指定的用途。⑶董事會及其董事受人之託，必須忠人之事，如若違反捐助人及出資人的信託，而有自私自利的行爲，在刑法上爲背信，在民法上須賠償校產所受之損失，在社會上亦成爲失信敗德之人。⑷私立學校校長爲董事會所聘任，其地位與公立學校校長爲政府所任命相等。倘若彼不視學校爲私產，自不會將學校辦成學店。

此外，於財團法人的法理上，尙須注意兩點：

第一、捐助人必須割捨其財產，同時又須行使其在捐助章程上的權利。捐助的財產或金錢，既已交付學校，從此以後，卽屬於學校的公產。至於捐助章程上的權利，乃是民法爲監督校產及財務而賦予捐助人者。捐助人應行使此項權利，選定董事會，監督校產與財務的用途。

第二、一般學生家長，應深知學生在校是受教育，而非被質押。倘使私立學校當局强迫學生攤派或捐款，家長即有權過問其捐款之性質及用途。如若學校未照原定用途使用款項，甚至以捐款之有無與多少，影響學生之學業，即違法背信，應受民法與刑法之制裁。

總之，吾人希望教育行政當局早日修訂法令或制定規章，督促一般私立學校辦理財團法人登記，或依循正當方式募集建校基金，一面使私立學校的校產與財務納入法律的正軌，一面使私立學校能循正當之途徑發展，以達成私人興學爲國育才的目的。而我國現行公私兼辦的政策，亦得順利推行。(註)

【附　註】

(註)部頒「私立學校規程」，已於民國五十七年一月十一日再度修正，並明令公布。其中對於私立學校須辦財團法人登記，已有嚴格規定。

第五章　大學內部的結構

一、美　國

美國大學，對於普通文化陶冶與專業技術訓練並重，故美國各大學，兼設文理學院，專門學院及研究院；專門學院，種類繁多，如工學院、法學院、醫學院、工商管理學院、建築學院、農學院、體育學院、教育學院、社會事業學院、護理學院、音樂學院、家政學院、公共行政學院、商學院、新聞學院、及神學院等是。

二、英　國

英國大學，介於歐陸大學與美國大學兩者之間，老牌大學如牛津、劍橋等仍堅守歐洲傳統，而新興之地方大學，則採兼容並包政策，純以配合地方需要為依歸。澳洲及加拿大英語地區，亦仿英國新制，大學內部設置文、理、法、醫、工、及其他專門學院。加拿大境內，設置若干小型學院，此等學院大都與一所較大的大學保持聯繫，而求得其認可及授予學位。

三、法　國

法國大學，傾向純粹學術之研究，故一般大學，祇設文、理、法、醫、藥、神學諸科，而在大學以外，另設各類高等專門學校，培養工、商、農、礦、美術、海事及行政等部門之技藝人才。

四、西　德

西德各大學，仍保持歐陸大學的傳統，以從事專門而高深的學術研究爲主旨，而將應用科學及專業訓練，付託於各類高等學校。一般大學，祇設哲、神、法、醫諸科，第二次世界大戰以後，若干大學已破除舊有傳統，如西柏林「自由大學」，即設置醫、法、經濟政治、及數理等科。至於高等學校，通例分爲工業、神哲、藝術、音樂、政治經濟、社會科學、教育、獸醫、農業、園藝、及行政管理等。

五、日　本

第二次世界大戰以後，日本新制大學，亦仿美國制度，普通教育與專門教育兼施。大體言之，各大學所設之學部，多則八、九學部，少則一、二學部；通例爲理、工、農、醫、文、法、政、經、體育、藝術、及宗教等學部，另設大學院。

六、蘇　俄

蘇俄大學，以造就專門技術人才爲主旨，故一般大學，宛如歐美國家之高等專門學校，從事實用技術之訓練。大學內部通例設置物理、數學、生物、化學、地質、地理、歷史、語言等八科（Fakultety）。少數大學尚設置經濟、法律、新聞、藝術史，及東方文化等科。至於高深學術之研究，則爲俄國科學院（Academy of Sciences）所有事。東德等共產國家，類多仿效俄制。例如東柏林地區的洪保爾特大學（Humboldt University），即設置哲學、數學、法律、農業、森林、醫學、獸醫、經濟、教育、神學、及農工（Workers-and-Peasants' Faculty）等十一科。（註）

我國現行大學法第四條規定：「大學分文、理、法、醫、農、工、商等學院，」大致與英美等國之制度相似。但另設獨立之專科學科，而且又限定「凡具備三學院以上者，始得稱大學，」（同法第五條）「不合上項條件者，爲獨立學院，得分二科。」（同條）考其用意，殆以爲「大學」（University）爲「學院」（College）之集合體。惟 College 一詞，英、美、法等國含義各異；歐洲大陸國家，其大學內部各學門皆稱「科」，而不稱「學院」。各國對於大學名稱之使用，並未見有以設立若干學院或科爲條件者。因此，吾人主張我國大學不必以「具備三學院以上」爲條件，單獨設立之任何學院，祇須符合大學宗旨，均得依其性質稱爲某某科大學。如農科大學，工科大學等是。吾人所以如此主張，蓋有三大理由：

第一、當前各國大學，有綜合性者，有單科性者，前者勿待贅述，後者例如西德之工業大學(Technische Universitaet)；日本之電機大學及醫科大學；澳大利亞之工業大學（University of Technology）等是。足見單科大學之設置，已成普遍趨勢，吾人自當迎合時代潮流，實行必要之改革。

第二、「學院」一詞，各國含義不一。英國之 College，多係低於大學等級之專科學校（如 Training College）或補習學校（如 County College）；法國之 Collège，係指中等學校而言；美國之 College 則爲高等教育機關。我國所稱之學院，與美國相類，惟未聞美國有以「三學院以上」爲構成大學之基本條件者。是我國獨立學院不得稱爲大學，在國際間無先例可循。

第三、我國一般社會人士及學生，對於獨立學院多存歧視心理，以爲學院之地位，不及大學之崇高，置身其間，有失個人顏面，故每多裹足不前。近年來若干獨立學院，紛紛改成大學，藉以提高其學術地位。查我國大學及獨立學院，原祗有規模之大小，並無等級之高低，如單以規模較大者稱爲大學，於情於理，均有未合。爲消除此種異常心理，實有改稱單科大學的必要。

由上所述，可知大學內部分院設系之分歧，至各學院或科以內各「學系」之劃分，則尤多差別。但吾人亦未始不能由紛歧差別中，尋繹其分院分系之標準，是即對於大學之任務觀。

若認大學爲純粹研究高深學問之場所，則大學之分院設系，自當一本純粹科學之體系分野而定，西德大學最能代表此種理想。西德大學通常分設五科或六科（Fakultäten），例如聞名歐洲的海岱堡（Heidelberg）大學，即設神學、法學、醫學、文哲、及數理五科。

如視大學爲養成專門人才之所，則其分系分院即當從社會所需之專門技術人材之類別，而異其分院設系之類別，蘇俄大學最能表現此種精神。

依我國大學宗旨所示，一般大學實兼負此兩項任務，故其分院設系，亦充分表現此二種精神。

英國哲學家羅素（Russell）及美國哲學家克伯屈（Kilpatrick）均認大學應肩負此兩重任務，惟因純粹學問之研究，易被忽視；故對於純粹學問研究之重要，不憚反覆言之。

按研究「應用科學」既有各種專科學校（參閱專科學校法）分擔其責，而純粹學問研究之風氣在中國尚未形成，則今日之大學，對於此方面之任務，實責無旁貸。

依本書第一、第二兩章所述，吾人既認大學爲「研究高深學術」之機關，則其分院設系，自宜本着歐陸大學之精神。至於「學習專門技藝」，當然應另設相當大學等級的專科學校，培養專門技術人才。

【附　註】

（註）見 Paul S. Bodenman: Education in the Soviet Zone of Germany, 1962, p. 69.

第六章　大學的課程

一、美　國

美國的大學課程，通常分爲語言與文學，社會科學，科學與數學，以及美術等幾大部門。有的學院或大學，規定一、二年級的全體學生，必須修習上述三大部門中的每類課程一年或二年。有些課程如英文或歷史，爲共同必修科目，其他科目，則容許選修。此種計劃，旨在避免過早的分化（Specialization），使每一學生對於各種重要的學科，皆能有某種程度的了解，待至高年級時，始爲某一專門課程的高深研究。此種措施，在使低年級的學生，獲得廣博的研究基礎，到高年級時，才開始從事專精而高深的研究，而且這兩個階段，皆不致受到任何的損失。

美國大學課程，並無全國統一的規定，每因校別及系科性質而異。茲就一般州立大學學士學位階段外國語言（Foreign language）學系課程概況說明之。凡在外語學系肄業之學生，依規定除軍訓及體育外，必須修滿一百二十學期時數（Semester hours, 通稱學分）。通常男生須修軍訓五學分（即學期時數），體育四學分；女生須修衞生和體育各四學分。至於一個學期時數（或學分），通例等於一學級小時（Class hour，授課一小時），或實驗三小時，每學期授課約十八週。依規定學士學位，修業四年，每學年修讀三十二學期時數(學分)。換言之，每一學年每名學生耗於教室內之受課時間，共計五七六學級小時。

此外，外語系學生，須一體修習本學系以外的一種外國語，計十二學分。同時，尚須修習十二學分的自然科學及數學；如修習數學，必先選讀代數及平面幾何。如修習自然科學，則須就生物學及物理學兩學門，任選一種。有關自然科學之科目，可分別由植物學、化學、昆蟲學、地質學、細菌學(微生物學)、物理學及動物學等學系選讀。此等學系所設科目，通常每週授課二至四學級小時，實驗六至八小時。依規定一般外語系學生，並須修習語言學 (Speech) 二或三學分。

至於外語系的專門科目，則有外國語高級會話九學分，文法與作文六學分，有關國家或地區文化或文明發展(如德語系或德語組修德國文化，法語系或法語組修法國文化等。)六學分，高級外國語或文學六學分。此等科目，須在學生顧問指導下由學生選習，而爲「主修」(Major)或「專攻」(Specialization) 科目之一構成部分，其主修科目，約計二十七學分，或四八六學級小時。此外，尚須於主修領域內，修習比較文學六學分。依規定一般外語系學生，除主修科目外，並須修讀「輔修」(Minor or Secondary Specialization) 科目十八學分，此等輔修科目，通例須在外語系學生顧問指導下，就地理、歷史、政治學、社會學或其他人文科學等學門中由學生自由選讀。

各種科目，於學期結束時，大都舉行考試。每一學期，每一名學生通常修習五或六種科目，因此，一名學生於每一學期須參加五或六種科目之期考，每一學年即參加十或十二種科目之期考。各種科目，亦可舉行期中考試（Interim Examinations）或臨時考試，其目的在於考查學生學習進步情況，以為學業指導之依據。此項期中考試，大都指定課業範圍，其考試時間，一小時以內者居多。期終考試（Final Examinations），通常包括一學期所授之全部課業，其考試時間，每一科目定為二或三小時。

二、英　國

一所典型的英國大學，在文、理兩科中，通例開設「優異學程」及「尋常或普通學程」兩類。前者內容專門而高深，後者普通而淺易。兩類學程，雖係同一學士學位，但「尋常學位」（Pass Degree）祇相當於美國大學的學士學位，「優異學位」（Honors Degree），則與美國大學的碩士學位相若。尋常學位，三年畢業；優異學位，四年畢業。

英格蘭的大學，注重「優異學位」，學生大都樂於攻讀優異學位；蘇格蘭的大學，側重「尋常學位」，故攻讀尋常學位的學生，常較優異學位者為多。近二十餘年來，大學教育專門化與廣泛能力之培育問題，曾引起英國教育家的熱烈爭論；猶如普通教育與專門教育在美國學術界掀起爭辯的浪潮一樣，此一問題，在英國必將日趨複雜。蓋狹義的專門化，素來與以研究高深學術為主的優異學位，構成一種不可分割的關係；廣泛能力的培育，乃與程度較淺的尋常學位，具有密切關係。故有人認為優異學位，由於過份重視專門化的教育，勢將阻礙普通文化及公民知識之發展，為免除廣泛能力的培養與專門教育的衝突，在英國乃普遍從事下列兩種實驗：(1)在廣泛的「哲學、自然科學及人文科學」領域內，設置包括優異及尋常兩種學位的新課程；(2)使理科學生，研究人文及社會科學的課程；文科學生，研究關於現代科學方法及其功能的學程。

英國大學課程，一如美國，迄無全國一致的規定。茲以物理學尋常學位爲例，說明課程設施概況，以概一斑。一般三年制尋常學位階段物理學系的學生，所修課程，包括二年的普通物理學，第三學年採用集中選修方式，由學生自行修習各種專門科目。依規定物理學系一年級學生，必須修讀數學，並得通過年終考試。肄業期間，尚須修讀外國語，通例就法語德語及俄語三門中，任選兩種，期滿須通過所修兩種語言之筆試；考試方式，以翻譯爲主，通常須以所修兩種外國語將若干篇科學論文譯成英文。物理學系的畢業考試，分爲兩部分舉行：第一部分考試(Part I of the final examination)於第二學年末舉行，第二部分(Part II)考試於第三學年結束時舉行。

溯自第二次世界大戰以還，英國領導階層的人物，十分重視科學人才的培養，一如美國之提倡自然科學及技術科學。由於側重科學人才的訓練，勢必影響英國人文主義的傳統思想，在英國大學教育方面，定將產生一種革命性的舉動或措施。倘若大學教育爲配合國家當前的需要，而實施專業或科學人才的訓練，無疑將使文化發展與公民訓練的目標，遭受嚴重打擊。因此，此一問題，已成爲英國學國上下一致關切的課題，甚至在國會方面，亦引起熱烈的爭論。英國大學經費的預算，其中大部分爲「大學協款委員會」(University Grants Committee)指撥的專款，惟該項專款，仍以發揚英國大學教育的傳統精神爲主，對於大學本身所決定的科學人才培育計劃，並未撥付專用款項。依據最高教育當局的計劃，在不違背大學傳統的獨立自主精神的原則下，應劃撥大批款項，協助科學及技術的發展。惟據最近大學協款委員會官方解釋，此種辦法，純係臨時措施。但爲使此項措施產生實際成效起見，勢將繼續撥付若干款項，直至該項計劃全部完成爲止。

依據一九六三年羅賓斯（Lord Robbins）「高等教育委員會報告書」的建議，以爲無論在大學或研究所的課程，均須予以適當之改革。該報告書之論點如下：

第一、學士學位（初級學位）課程，不宜延長。且其課程綱要應時加檢討，以免學生負擔過重，尤其不使學生接受過分偏狹的教育；

第二、攻讀高級學位者，不以準備專門性的論文爲已足，必須接受有系統的教學。

第三、至一九八〇年，研究生的數目，應由百分之二十，增至百分之三十。

近年來英國各大學因受前述報告書的影響，乃紛紛謀求課程之改革，最顯著的趨勢，有下列二端：

第一、擴充課程幅度　旨在矯正優異學位側重專精而失於偏狹的流弊。最近若干大學普偏倡導於人文科學領域內，設置一種聯合優異學程（Joint, Combined or double honors course），如哲學和英文或法文，美術和意大利文，西班牙文和戲劇，英文和希臘文等，期使二門主修科目，均能達成齊一的水準。亦有少數設置文理兩科聯合學程者，如哲學和數學，哲學和生理學，工程和商業等。在社會科學範圍中，設置聯合優異學程者，亦屢見不鮮，如經濟學和政治學或史學等是。

第二、增加課程彈性　在使課程更能適應學生的興趣和能力。據調查，在大學生中，約有三分之一於最後一學年時，尚且變更其職業志趣。因此，若干大學乃於第一學年設置普通預修學程，以試探學生之興趣，至第二學年始決定其專攻學程。俾免因第一學年選讀錯誤而致退學或轉換學門。此外，爲適應學生的能力起見，乃使學生於第一學年或第二學年之末，得有優異學位或尋常學位互轉的機會。

三、法國

法國大學文、理、法及經濟四科，以碩士（Licence）爲初級學位（First degree）。文、理兩科之碩士，通例又分爲教育碩士（Licence d'enseignement）及普通碩士（Licence libre，直譯自由碩士。）兩種。教育碩士，須通過若干科目之考試，其科目表由各科自行規定。就文科言，依教育部規定，須通過四種相關科目（如文法、文學、歷史、及地理）之考試，並取得四張高等學科證書（Certificats d'études Supérieures）。普通碩士，則依應考人之志趣選考少數科目，及格者領受此項學位。如擬充任公立中等學校教員者，必須持有教育碩士證書。

至於各科碩士學位修習之課程，因科別而異。茲就文科現代語碩士爲例，說明如次：

修讀文科現代語碩士之學生，其修業期限三至五年不等，惟官方並無最低肄業期限之規定。第一學年，修習普通文學科目，期滿須參加三種考試：

1. **法國文學**（論文一篇，四小時）；
2. **由法文譯成第一現代語**（三小時）；
3. **由法文譯成第二現代語**（三小時），或一篇歷史及地理的論文（四小時）

通過上述考試後，尚須參與四種文科高等學科證書（Certificats d'études Supérieures de lettres）考試，通例每年參加一種。其科目如次：

1. 外國文學，其考試包括四小時的筆試，口試以文學史和文學批評爲限；
2. 哲學，由法文譯成指定的外國文，通例爲四小時，口試則包括文法和指定之外國語的歷史。
3. 實用科目，由一種外國語譯成法文，通例四小時，口試則以有關國家的文化爲限；
4. 一種選科，通例爲第二外國語。

上述四種考試及格後，即可領受文科碩士學位。

至於醫科學生，其修業期限，最低須六年，前三年接受普通科學及醫學入門訓練，修畢前三年課程，通過考試後，繼續接受後三年的醫學教育。

四、西　德

西德大學之修業期限，因科別而異。一般言之，其最低修業期限如次：文科八學期，神學科八至十學期，法科六至七學期，醫科十一學期，獸醫科九學期，牙科十學期，理科八至十學期，經濟科八學期，農科八學期，工業大學八學期。

至於各科所設課程，亦彼此不一。茲以科隆（Cologne）大學法科為例，列舉所授課程如次：（括弧內的數字，係每週教學時數。）

第一學期

1. 法學緒論（2）；
2. 德國法學史（4）；
3. 羅馬民法史（3）；
4. 德國民法總論（4）；
5. 普通政治學（3）。

第二學期

1. 現代憲法史（2）；
2. 羅馬民法（3）；
3. 契約法（6）；
4. 不動產法（4）；
5. 憲法（5）；

6. 經濟學概論（2—3）；
7. 民法預習（2）。

第三學期

1. 私法（3）；
2. 遺產法（2—3）；
3. 刑法總論及各論（5—6）；
4. 國際法（3）；
5. 政治學（2—3）；
6. 國民經濟學（4）；
7. 公法預習（2）。

第四學期

1. 商法（4）；
2. 著作權及專利法，或專利法（2—3）；
3. 勞工法（2—3）；
4. 民事訴訟程序Ⅰ（3）；
5. 刑事訴訟程序（3）；

6.行政法總論及各論（5）；
7.財政學（3）；
8.民法高等見習（2）；
9.刑法見習（2）。

第五學期

1.證券股分法（2）；
2.商法（2）；
3.民事訴訟程序Ⅱ——强制執行及破產（3）；
4.財政法——側重稅務（3—4）；
5.外國民法概要——英美法或法國法（2）；
6.商法見習（2）；
7.公法高等見習（2）；
8.刑事訴訟程序見習（2）。

第六學期

1.現代民法史（3）；
2.敎堂法（3）；

3. 國際民法（2）；

4. 民事訴訟程序見習（2）。

修滿規定課程後，卽須參加國家考試第一試。依北萊茵——西法倫（North Rhine—Westphalia）邦之規定，國家考試第一試，須考下列諸科目：民法及商法之基本特性，企業公司法、證劵股分法、刑法、法庭及訴訟程序法之基本原理；基本勞工法、憲法、普通行政法及基本行政法、基本羅馬法、德國法學史略及德國民法。並須就上列科目任擇一科，撰寫論文一篇，於六週內完成，亦視同國家考試之一部分。此外，尚須參與監督論文考試（Supervised test papers），其考試科目爲：民法、刑法、憲法或行政法。通過上述各種考試後，應試者卽須從事數年之見習，期滿始得參與國家考試第二試，卽所謂大考（Assessor）。

五、日本

依據日本「大學設置基準」之規定，各大學應設置下列諸科目：一般教育科目，外國語科目，保健體育科目，及專門教育科目四類。通例前二年實施普通教育，後二年側重專門教育。其中一般教育科目，又分爲人文科學，社會科學，及自然科學等三類課程，每一類開設三種科目以上，共計須設置十二種科目以上。其科目名稱如次：

1. 人文科學：——哲學、倫理學、歷史、文學、音樂及美術。

2. 社會科學：——法學、社會學、政治學、及經濟學。

3. 自然科學：——數學、物理學、化學、生物學、及地學。

學生須就上列各類科目中，分別修習三科以上，共計須修讀九種科目。每一科目以四學分爲原則，總計應修三十六學分以上。外國語科目，以設置二種以上的外國語爲原則，第一外國語爲八學分，第二外國語四學分以上，如有特殊原因，亦得只設一種外國語科目，惟其學分須爲八學分。保健體育科目，定爲四學分，其中理論及術科各二學分。專門教育科目，至少須修七十六學分以上，各大學得依專攻性質設置必要之專門教育科目。此外，尚可依學部或系科的實際需要，設置與專攻領域有關之基礎教育科目，每一科目之學分，亦以四學分爲原則。總之，一名日本大學卒業生，在四年內須修習一百二十四學分以上。

至於大學院之修士及博士學位，於大學卒業後，繼續修習二年以上，修滿三十學分者，可得修士學位；再益以二年以上之高深研究，修滿規定學分，即可領受博士學位。兩種學位候選人，均須提交研究論文，並通過考試者，始得授予學位。

六、蘇　俄

蘇俄各大學及高等專門學校，所授課程，大別爲二類：一爲共同必修科目，一爲分系專門科目。其共同必修科目爲：馬列主義基本論，政治經濟學，及歷史辯證唯物論。此等科目，共產黨統稱社會科學。此外，全體學生須繼續修習中等學校所修之外國語，爲期至少三年，體育則爲全校學生之共同必修科目。

前二年學生以每日六小時，每週六日的時間，從事聽講、研究、及實驗。第一學年雖亦設置與各系科具有密切關係之歷史及科學課程，惟大部分爲普通科目。第四學年開始，修習專門科目，並以大部分時間從事各學門有關之實驗或實習工作。第四學年起，學生個別從事於實驗，實習或閱讀的時間甚多；第五學年第二學期，全部時間幾用於撰寫畢業論文和準備畢業考試。

大學考試以口試爲主，筆試輔之，依規定每一學科均須舉行學期或學年考試。畢業考試則以專門科目及論文爲限。五年修業期滿，祗發給文憑，而不授予學位，持有此項文憑者，即具備擔任專門職務的資格。

學校對於學生之出席，考查甚嚴；無論上課或實驗，無故缺席者，卽予懲戒，如缺席次數過多，則取消生活補助金，甚至予以除名處分。學校方面希望學生具有嚴肅之心情，儘量避免學生參加類如英美大學的各項課外活動。俄國人希望每個大學生，無論在團體活動上或個人風度上，都具有俄國人所謂的「文雅行爲」(Cultured Conduct)。據金 (King) 女士的報告，俄國大學生，每多變態行爲，或不文雅的舉動，不是上課遲到，便是着橡皮套鞋上課。

蘇俄大學及高等專門學校課程中，素無選修科目之設置。惟一般大學課程表中，常列有所謂「院系科目」(Fakul'tativnye)，得由學生自行選修。依規定凡修讀必修科目尙有餘暇時間之學生，始得選修之。

蘇俄大學課程中有一顯著特色，卽各科系所設必修科目，名目繁多，分枝尤爲細密。由於科目種類過多，學生參加考試之次數亦多。關於考試種類，大別有二：⑴記分考試（The regular, graded final examinations）；⑵不記分考試（ungraded final examinations）。前者通例於期末或年終舉行，並記載學生之考試成績；後者或由教師舉行口試，或舉行筆試，藉以測驗學生之實驗或閱讀報告的成績。

近年來蘇俄大學及高等專門學校，大都舉行期終考試。舉凡課外作業，實驗及實習，與夫各科論文，均須按期呈繳，期中考試或定期考試（Zachety）之成績，亦能及格者，始得參加期終考試。除期考成績外，其餘各項成績，悉由助教及講師負責考核。

期終考試，多採筆試，各科考試時間，均爲二小時，考試方式，則以書面囘答二或三個問題。惟一般大學大都舉行口試，間有筆試完畢，繼之以口試者。口試時由同類科目及相關科目之教授，共同舉行。口試時間，平均每一學生，約爲二十五分鐘。

蘇俄各高等教育機關，其記分制度，採用文字分等法，通例分爲「優」（Otlichno），「良」（Khorosho），「可」（Posredstvenno）「劣」（Plokho）四等。凡成績列爲「優」「良」二等之學生，卽具備申請學月生活補助費之資格。如遇三科不及格（列爲劣等），卽留校察看，直至下學期第一學月考試完畢而上述三科中至少有一科及格時爲止。某一科目之一切規定考試，全部及格後，始得參加下學年度同一學科之考試。如期考三門不及格，卽以自動退學（Expelled automatically）論。學生得參加同一學科之期考或平日考試若干次，倘若下學期之期終考試，仍未及格，卽予以除名處分。間有採用留級一年之辦法者。蘇俄一般大學教授，咸以爲學生享有重複參加考試之權，惟在考試未及格前，不得領受學月生活補助費。蓋若干學生，有時第一學期考試未及格，第二學期考試，其成績往往列爲「優」「良」二等。故以一次考試成績，視爲學生之升降標準，蘇俄教授，深感殊有未合。若干蘇俄大學生，亦認爲此種考試制度，與教育目的不符。有一位曾任蘇俄大學教授之人士評論，一般主試人員，對於從事黨務活動的積極分子，必須予以特別優待。教授雖可憑試卷予此等學生以「劣」等成績，惟共產黨部及其他有關方面，則授予升級權利。反之，教授如依試卷予某生以「優」等成績，然經共產黨部及其他有關方面考查，認爲該生行爲失檢者，卽可予以除名處分。

吾人以爲大學課程之設置，須以大學所負之任務或宗旨爲依據。美國大學內普通陶冶與專業訓練兼施，在大學一、二年級，類多修習普通文化陶冶科目，三、四年級實施專業訓練。歐陸大學，側重高深學術之研究，由大學一年級起，卽實施專業訓練。質言之，學生於進入某科以後，立卽從事專門的研究。英國大學課程，與歐陸國家相類。一般大學類皆設置嚴格之學術性課程，各種課程，均具有一定研究期限，課程性質，側重專門化。學生一經入校，卽依照規定目的，從事高深的研究。蘇俄大學以養成專門技術人材爲目的，所設課程，類多注重有關科目之實際訓練；各大學除實施有關科目之普通教育外，並設置社會及經濟科目，施以政治訓練。前三年多係普通課程，從四年級起，才開始從事專門學程之研究。

我國大學現行課程，一年級實施普通教育，修習共同必修科目。二年級以上，才開始接受專業訓練。吾人擬議中三年制大學，既以研究高深學術爲宗旨，所設課程，自當另行研擬。愚意以爲大學課程，應分爲三大門類，每類各有其中心工作。茲述如次：

(一) 專業基礎教育

依哲學、人文科學、社會科學、及自然科學之門類，設置有關科門之基本科目。各院系學生，依其研究目的，分別選讀。此等科目之實施，以一年級爲重心。

(二) 專業準備

依據學生之能力及興趣，分別研習專攻科目。如某生確定研習化學，即須就油脂化學或生物化學中選定一種。即使醫學院，亦須對於所擬研究之專門學科，作一明確之決定。此外，爲準備學生進入研究院從事專精而高深之研究起見，在此一階段，即應特別加强研究院所需研究方法之準備；質言之，即是一種研究的準備。此項工作，應視爲二、三年年級之中心工作。

(三) 工作經驗

今日大學幾成爲書本知識的傳習所，對於實際生活有關的工作經驗，則毫不注意。所以一般大學卒業的男女青年，對於現代社會與家庭中的若干實際問題，常感手足失措。女學生結婚後，不知如何處理家務；從事商業的男生，又缺乏貿易或營業經驗。所以我們今日提出「工作經驗」問題，乃是希望今後的大學，從學生入學之日起，即開始作一種優越的工作經驗的準備，俾便畢業後，對於生活中的一切實際問題，皆能有適當之處理。因此，吾人認爲工作經驗的實地練習，應成爲大學的重要任務之一。每一學生均須於教師指導下，作個別的選擇。大學內應設專人管理整個指導的事務，協助學生尋求適當的機會，以適應個別的需要，並記載每個學生的工作情形，考察國內外其他大學的實際情況，如此，始能幫助學生體驗工作的經驗，進而產生精密的思考與有效的行爲。

第七章　大學的教學

一、美　國

各大學或獨立學院，大都自行規定學年的起訖或行事曆。一般言之，多係秋季開學，通例在九月中旬，次年六月的第一週或第二週起放暑假。大多數的學校，實行二學期（Two eighteen-week semesters）制，每學期十八週，並一律不設暑期班或暑期課程。其次，約有百分之十五的大學，採用四學季（Four equal quarters）制。倘若學生每年均連續修習四學季（包括暑期在內）的課程，即可縮短一年的學生生活。近年來採行三學期（Trimester）制的大學，亦日益普遍，每學期約有十五至十六週。自一九六○年起，各校註冊學生人數激增，各大學爲容納較多的學生，乃紛紛實行全年教育（Year-round education）的辦法。

大多數的大學，由上午八時至下午五時，全日授課，午間亦列入授課時間內。夜間及星期六的課程，多係在職教員及部分時間的成年學生修讀。正規的教學，均在教室或研究班（Seminar）內進行。一般的學程，其教學時數，每學期每週三小時；有些科目，每日均在教室內授課，有的科目，每週祇在教室內授課一次或兩次。美國大學，通例採學分（Credit hour，直譯學分時數）制，所謂學分，乃用以度量關於每一學程達於熟練程度所需之時間，每學期每週授課或室內講述一小時爲一學分，如係實驗或實習，則以二小時爲一學分。通常每一學生每年修習三十學分，依規定大學學士學位須於四年內修習一百二十至一百二十八學分。

一般美國大學教學方法，種類繁多，每因教員及科目性質而異。講演法則爲最通行之教學方法，尤其對多數學生提供事實性的教材，更屬合用。此外，較爲常用的教學方法，包括討論、示範、問題分析、個案研究、獨自研究、試驗、校外參觀旅行、分組委員會報告，以及實驗室的實驗工作。每種教學方法，在特殊或專門的領域內，均有其獨特的功效。

實驗室的實驗工作，大都用於科學及專門科目的教學。通例每週實驗一次或二次，每次二小時。有時，並帶領學生赴校外機關，工商企業機構，及教室，從事實地實習，以便增加學生實際業務的經驗。至於未來擔任教學、護理及醫學工作的學生，尙須在技能熟練的指導人員監督下，分別於學校、醫院及診所從事實際工作的實習。一般工科或商科學生，則由學校與工商企業機構協同安排各項合作計劃，期使學生在校所獲理論得有實地應用及相互交換學習經驗之機會。

一名典型的美國大學教授，常希望學生運用若干基本的教科書，並閱讀某些指定的補充讀物。自第二次世界大戰起，一般美國大學教員對於教學器材的使用，日益普遍；由簡易打字卡到極複雜的電子教具，均有教授使用。最常用的教具，有地圖、圖表、圖畫資料及模型。在音樂及外國語教學方面，則普遍使用唱片及錄音設備。在自然科學領域內，一般教授又常用承物玻璃片，放映機及影片，作爲教學器材。至於收音機及電視，亦爲常見的教具。

二、英　國

英格蘭及威爾斯境內，各大學每一學年分爲三學期，第一學期始於十月之第一週，第二學期由一月之第二週開始，第三學期起自四月之第二週或第三週。

牛津及劍橋兩大學，每學期之住宿期爲八週；其他大學的住宿期，則延長至九或十週。有些大學對於學生在校聽講及做實驗的總時數，有確切的規定，有的大學則以考試成績測驗學生的進步。

英國大學的教學方法，仍以正式的講演及實驗工作爲主。英國大學教授，對於具有悠久歷史且效果良好的小組講習(Small tutorial groups)，咸表讚許，而視爲教學計劃中之正常部分。一般研究生，則在一名導師指導下，從事高深的研究。至於實習的時數，視聽器材的使用，通例由有關學系決定。

結束考試（Written terminal examinations）多由各學系決定，每一學年至少舉行一次考試，通常於學年之末舉行一次大學考試（Statutory university examination）。法定的大學學位考試（The Statutory university degree examinations），則由大學主辦，並延請校外人士參加，此等校外考試人員，均由其他大學教員中聘請而來者，通例每一科目遴聘一人爲原則。此項制度，對於促進全國大學水準之齊一，頗有成效。牛津及劍橋兩大學，其學位考試，則就所屬各學院教員中遴聘適當人選，組織考試小組委員會辦理之，惟實習考試例外。關於高級學位，其考試小組委員會，例由二或三人組成，其中至少有一人爲其他大學之教授。該會主要任務，在於審查博士論文或出版物，必要時尙可舉行口試。其他，如醫學、獸醫、建築及法律等，依規定學生必須通過某種專業考試，始能從事實際的專門業務。

三、法　國

法國大學的學年，始於十一月三日，次年六月三十一結束。其中耶穌聖誕節放假十日，耶穌復活節，休假二週。

大多數的學程，學生出席聽講與否，悉聽自便，惟實習或實驗課程，則採强迫出席制。一般大學爲督促學生按時受課，通常均採傳統的點名制度或由註册人員抽點。凡缺席次數超過法定規定者，一律不准參與考試。

法國大學教學方法，並無成例可言，每因科系及科目性質而異。一般言之，除若干特殊或專門科目採用種類不同的教法外，通常仍以正式講演法較爲普遍。惟醫科教學側重醫院內的實習或臨床經驗。大多數的學生，寧願將全年的各科講義，印成複印本，以作爲基本參考讀物，而不願使用傳統的教科書。

一九六三年，法國各大學，購置二十五架閉路電視機（Closed-circuit television），其中二十二架用於大學醫科或醫學院，三架則由理科使用。一九六三——六四學年度起，有五所大學的文科，使用電視教學，巴黎大學法科則採用播音教學。沙傍廣播電臺（Radio-Sorbonne Broadcast，著者按：Sorbonne 爲巴黎大學文理科之一部分。）每週有三十八小時的大學科目播音教學，法國境內大部分的大學，均收聽此項節目。近幾年來，法國各大學竭力充實現代語教室內的教學設備，多數大學的外國語言教室，每一隔音桌（Booth）上均備有雙調帶錄音機（Double-track taperecorders），供學生練習發音，在教員的講臺上，並置有中央管制器。此外，尙備有影片放映機及其他電化教學設備。

一般大學，每一學年擧行二次考試。就大學碩士學位考試制度言，各科間彼此互異。大學法科及經濟科，規定於四年肄業期內每學年結束時擧行考試一次。所有該科學生，一體參加。文科及理科，則爲每一種高等學科證書(Certificat d'études supérieures)，分別擧行考試一次。在一年預科期間內，於普通考試中，文科學生如連續四次失敗，理科學生在碩士學位初試中如果失敗一次，即不准再參加考試。

四、西德

德國大學的學年，通例始於十月一日，分爲冬夏兩學期。在冬季學期（Winter Semester），實際的講授與講習（Tutorials）則由十一月初至二月終；夏季學期（Summer Semester）由五月初開始，至七月終。學年內其餘的時間，並不授課，以供師生自由活動，及從事獨自的研究工作。某些科目的講授及講習次數，均須記入學生手冊中，以爲獲准參與考試之依據，惟學生是否出席聽課，並無嚴格的規定。一般言之，德國的大學生有充分選聽課程及參與研究班（Seminars）的自由，惟某些基本的講授（Essential lectures），必須按時出席聽講，以便獲得此等基本科目所必備之知識與方法。在某類科目內，學生如擬參與中間考試及結束考試，必先取得實習或實驗科目的實習或實驗出席證，因此一般學生必須按時出席聽課或實習。採用講授法時，通常輔以研究，討論或實習等方法，研究或討論的題目及內容，均經教師預先審查或預作安排，必要時尚由教師提供補充問題及讀物，供學生研討。在科學領域內，於探討研究方法的基本知識時，每採「初級研究班」（Pro–Seminar）的方式，使學生獲得基礎方面的必備知識。依規定學生參與「初級研究班」滿一定次數，並通過一種特殊考試後，即可進入「中級」或「大研究班」（Middle or Main Seminar）。至於「高級研究班」（Senior Seminar）則限由具備特殊資格之學生參與，通常以準備參加博士學位考試之候選人爲主。有時，尚舉辦若干小組講習（Group tutorials），使學生與教師共同參與討論。近年來若干西德大學，在某類學程領域內，試行英國式的講習制度（Tutorial system）。

大學法律、政治及經濟等科，每用「實習」以補講授之不足，其目的在使學生對於所獲知識有用於解決實際問題之機會。所有實習及研究班，均由教授和自由講師（Privatdozenten）主持，間有助教領導者。

理、醫、工、農等科，學生必須在教授或助教指導下，從事實際問題之分析，以獲得此等科門必備之實際知識和技能。

西德大學及其他高等教育機關，並未規定使用教科書，通例由任課教師推介具有適當水準之書籍，令學生自由選購；一般學生類皆樂於研讀所習科門內的重要文獻。在研究班及實習工作中，常由主持教師提供有關科目必讀書籍的意見。

德國大學並無學年考試之規定，一般學生，由於過度自由，致對於各階段中一連串的指定研究工作，頗覺厭煩。然而，在醫、理、工、經濟學、心理學及神學等科門中，通例舉行預試，此項考試於修滿第四學期或第五學期參與，其目的在於補救畢業考試中某些科目的成績，並淘汰一批不合格的學生。凡擬充任中等學校教員的學生，可於畢業考試前或與畢業考試同時，參加預試。

肄業期間，學生於繳送規定數目的研究報告或考試論文後，即准其參與「高級研究班」或畢業考試。

畢業考試，分學術考試及國家考試兩部分，前者由大學各科代表組成之考試委員會主持之，後者則為國家遴派之學術性的教授及官方代表共同組成之考試委員會辦理。凡醫科、藥學、法科及擬充任中等學校教員之學生，均一體參加。神學科畢業，擔任宗教事務的聖職人員，則參加教會主辦的考試。

醫科學生，依規定不准參加博士學位考試，惟已通過國家考試者例外。一般技術科目及自然科學領域內的科目，亦祇參加文憑考試。有些科目，在法令上並無博士學位考試之規定，因此，若干教授極力主張此等科目的學生，亦能取得博士學位。

依規定各類博士學位考試，必須提出論文一篇，並通過若干指定科目的口試（Rigorosum）。凡參加國家考試的學生，（醫科例外）必須通過筆試及口試，並應於規定時間內完成論文一篇（與博士論文不同）。

關於文憑考試的法律規程，因科目而不同。理工科的文憑考試，規定於一年內完成一篇相當博士論文的論文一篇，嗣卽參加指定及選考科目的口試；經濟學、社會科學、及心理學，除繳送文憑考試的論文及參與口試外，並須參加筆試。

五、日　本

日本大學學年，始於四月一日至次年三月三十一日止。一般大學，大都採兩學期制，原則上每一學年包括三十五週。就學日數，雖無確切規定，惟若干大學對於專門科目的學分所須最低就學日數，却有一定的標準。

各大學所用教學方法，通例有講演法，實驗室的實驗法，研究班的討論法，實習及實地練習法，使用時則因學科性質而異。一切教科書，均由教師採擇；在外國語教學方面，間亦使用視聽教具，但不普遍。

依規定學生須於學期末或學年結束時通過某一科目的考試，卽可獲得該科的學分。此項考試，例爲筆試，有時可用研究報告代替。

凡修滿學士學位規定科目之單位或學分後，即可取得大學學士學位，有的科系尚須繳送畢業論文。

凡於大學院研究二年以上，修滿規定之專攻科目三十單位或學分以上，提出論文，經審查及最終考試合格者，授予修士學位；在大學院研究四年以上（醫、牙兩科五年以上），修滿規定之專攻科目五十單位或學分以上（包括修士學程之三十單位在內），提出論文，經審查及最終考試合格者，授予博士學位。此外，未在大學院肄業，如提出博士論文申請學位時，經審查及最終考試合格，且認為與前述規定具有同等以上之學力者，亦得授予博士學位。所謂最終考試（Final examination），係就論文而舉行筆試及口試，在博士學位，審查論文舉行最終考試時，尚須包括二種以上之外國語考試在內。

六、蘇　俄

蘇俄大專學校之教學，以聯邦高等暨中等專業教育部核定之課程為依據。此項審定課程，包括普通講授學程，研究班（Seminars）學程，實驗學程，專門學程及實施。依規定各系學生，務須研習各該院系所規定之一切科目。前二年半至三年，同一學院之學生，所習課程，完全相同。其後數年，則分別研讀各該系之專門學程。最後一學年，除研習必修科目外，尚可選修若干學程。

每一學年，分為兩學期（Semestry），第一學期由九月初至一月下旬；第二學期由二月初至六月底或七月初。寒假每年二週，暑假二個月。

依規定每日所授三種不同之科目，其教學時間，不得超過六小時。換言之，每一科目，每日之教學時間，不得多於兩小時。每週授課六日，每日六小時。每一節之上課時間，爲四十五分鐘。每一學年雖定爲十個月，但其正式授課時間，每一學年未超過三十二週。每一學年之授課時數，包括政治訓練（卽俄共所稱之社會科學）在內，由一千小時至一千三百小時不等，約爲美國大學及學院授課時間的兩倍。蘇俄大學，平均每一學生，於五年之修業期間內，受課時間總數，爲五千至五千四百小時；工科學生，其修業年限，間有超過五年者，故其受課總時數，爲五千至六千小時。

講演法爲蘇俄大專學校之主要教學方法。通例講演一小時，實驗或其他工作一小時。第一學年，講演時間，佔絕大多數。其講演內容，大都側重某一學科之專門知識及其歷史發展與最近趨勢。主講人員，多係教授及副教授，依規定各大專學校，爲付給學生「努力」之酬勞起見，必須由富有唯物思想的著名科學家及學者擔任主講，向學生講述某一學科理論與實際之聯繫，與夫此等學科在學生未來工作中之重要性。

每一科目開始講授時，每一學生均領有一分教材大綱（Programma），其中說明本科之重要知識及問題，並開列規定之書目及補充讀物。此項教材大綱，通例由一般專家所編，將各科之重要教材，予以簡略說明；然後再交由聯邦高等暨中等專業教育部印發各校學生。此項教材大綱，如屬共同基本科目，每一學科約爲三、四頁；其他科目，則爲極簡要之說明。教授或副教授，授課時可依個人意見，組織教材，增刪教材，並可提示學生注意新近資料。一般言之，蘇俄大學教授之主要職責，在使學生獲得各科重要知識，期能通過畢業時之國家文憑考試（State Diploma Examination）。

上大課（Lectures are given to large groups of Students 或稱大班教學）時，由各級級長點名。分組教學時，則由講師領導討論規定之教材及讀物。前五個學期或六個學期，其分組教學，大都採用「練習或訓練」（Uprazhneniya）方法；課外作業指定，亦爲分組教學之一部。一般科學及工程科目，大部分時間用於討論、實驗或計算。人文科目，社會經濟科目，及政治科目則採用美國大學研究班（Seminar）的辦法；如採研究班的辦法，則由教授或副教授主持。

研究班所討論的題目，如係三年級以下之學生，則屬廣泛及普通性質；四、五年級，則以專門及特殊問題爲限。據若干蘇俄難民的報告，各研究班討論政治哲學時，由教員分發經「審定」的題目，作公式化的問答。又據蘇俄報章的報導，一般政治研究班的學生，每不能由討論中對於某項專門問題，獲得深刻的了解；教員解答時，亦祇能依據規定之教科書中所列經審定的答案作答，絕不能向學生解釋何以如此作答的原因。因此，一般學生大都對於各項基本政治問題，表示淡漠，對於共產黨之一切措施，咸抱消極態度。一般學生之所以研究、記憶、及複述規定的答案，旨在通過此等課程之考試，以獲得畢業文憑。然而，據蘇俄官方報導，共產主義的理論及觀點，已很有效的滲透於各科教學之中。

研究班之教學，在人文及社會科學、法科、以及社會經濟等科門的課程中佔有極重要的地位；理工科則重視實驗工作。例如化學一科，即有四分之三的時間爲實驗。蘇俄教育家，爲反對專門研讀

「書本」(Bookish) 起見，故特別重視實驗及實際教學。

據一般報告，自第二次世界大戰以來，蘇俄各高等教育機關的實驗儀器，視聽教具、標本、以及工場設備，均有長足之進步。惟據蘇俄報章的報導，舉凡實驗室之實驗儀器，各項教具，特殊之器械，以及陳列此等設備之房屋，均感缺乏。

各大專學校之最後二學年，通例以獨自研究為主。人文科目，須繳學期論文 (Term Papers)；自然科學及工程部門，則須從事製圖、計算、及實驗。為教授者例皆從旁作個別之指導。

實地實習或生產實習 (Field Work or Production Practice)，俄國人以為在訓練學生應用理論知識的場合中，佔有極重要的地位。例如，工學院學生，於實習期間，必須參與工廠實地工作，或為工頭，或任技術員，或當工程師，其中尚有部分之實習時間，用於擔任機械業務。第二學年暑假期間，學生被指派至工廠或農場，從事四週實習，以額外人員名義，擔任各種工人之實際業務。修滿第三學年課程之學生，於暑期內卽被派至工廠，作為期十一週之工業過程，機械常規，及普通工程原理之參觀研究。修滿第四學年課程之暑期或第五學年之春季，工科學生則被派至各生產機構或事業機關，擔任低級職員，從事實際業務之練習。

農學院學生，例皆在國營農場從事農業實習；教育學院學生，在學校從事教學實習；醫學院學生，在各診所及醫院從事醫務實習；理學院學生，則在實驗室從事實驗，或作郊外旅行參觀。各科學生於其五年之修業期間內，從事實習時間之多寡，因各科性質而異。通例工科學生，為十六至三十八週；農科學生爲四十至五十二週；教育科學生，約爲十七週；醫科學生爲十六週；普通大學則爲六至十六週。

綜觀上述六國大學教學概況，其間足資我國借鑑之處甚多。爰就管見所及，略陳我國大學教學方面應行改進事項如次：

(一) 調整學年假期

按我國大學素採兩學期制，寒假較爲短暫，暑假幾長達三個月，師生光陰，泰半虛度。如能利用暑期，設置類如美國之暑期學校，或改稱暑期學季，由七月初至九月下旬，授課十至十一週，凡連續修讀暑期學季三季者，卽可提前一年卒業，對於家境清寒，成績優秀或勤奮用功之學生，非但減輕其經濟負擔，激勵其發憤向學之精神，且可早日爲社會服務，參與國家建設工作。

(二) 減少修讀學分

前述六國大學，學士學位階段（法德無此學位），一般學生修讀之學分，除蘇俄大學規定研習學分較我國爲多外，其餘均不及我國之多。蓋大學生在校修讀各種科目，旨在作高深而專精之研究，不以淺嘗輒止爲依歸。故每一科目，除上課聽講外，尚須以更多之時間從事課外閱讀及討論，必要時尚須藉實習或實驗以印證理論。是以聽課一小時，卽須以二、三小時以上之時間，從事獨自研究或實驗，如以吾人日常生活方面作息時間，所用三八制之分配，除睡眠休息外，一日祇有八小時之工作，一週六日，合計四十八小時之工作時間。大學科目以學分計算，每上課一小時，至少須有二小時之自修，始能融會貫通，獲得效益。合此三小時爲一學分，則一學期祇能修十六學分，四學年八學期之肄業，合計不過一百二十八學分，今觀部定「大學各學院共同必修科目表」之規定，大學各學系學生修業四年，至少應修一百四十二學分始得畢業。若干學系間有超過此項規定者，實非一般大學生所能負擔。因此，減少大學各系科之學分，酌留學生自由研究之時間，實屬刻不容緩。

(三) 改進教學方法

我國今日大學教學，幾以講演法爲唯一方法。授課時教師按本宣科，學生逐一筆記，理論方面之剖析，及實際問題之探討，固須憑藉講述，以明眞相，但事實問題之叙述，課本文字之講解，未免徒耗時光，減低學習興趣。如能參酌上列國家大學之教學方法及設備，當可培養學生自動研究之風氣。愚見以爲自然科學側重實驗，技術科學重在實習，人文及社會科學，以討論爲主，一如各國大學所稱之研究班。關於討論方法，又分爲兩種，一爲小組討論，將全班學生分成若干組，按科目進度擬定若干討論題目，每組學生各依能力所及，每人研究一部分，合全組學生共同討論一個論題，惟須前後連貫，自成體系。如此，既可表現個別之研究成績，更能培養團體研究之能力。一爲個別研究，將全班學生分爲若干組，依教材進度，由各生自定論題，於課餘時間研究完畢後，上課時提出口頭報告，其餘學生，可就該生報告內容，提出意見，相互討論，指導教師，亦可參與。此外，大學各系科學生，尙須做讀書報告，或以一本書爲主，或以二本以上之書籍作比較研究；或做研究報告，在有關科目內，自定題目，或由教師命題均可，限定字數及繳送日期，必須如期完成。至於視聽教具及圖書儀器設備，更須力求充實，務使每一學生有書可讀，從事實驗不慮器材缺乏。

(四) 革新考試制度

我國大學考試制度，向分期中及期末考試兩類，並以問答式及測驗式爲主要考試方法。夷考大學考試，旨在度量學生學習成效，判別學生勤惰，調查學習方法，藉以指示學生學習門徑，而非了解記誦書本知識之多寡及其熟練程度如何。現今大學考試方法，重在督促學生記誦，毫無啓發研究興趣，培養獨立思考，及發表個人心得的機會。故上焉者熟讀教材，爭取分數，下焉者强記筆記，但求及格。若干大學畢業生，既不知個人興趣之所在，更缺乏獨立研究的能力，所謂提高學生素質，竟成空談。愚以爲考試方法，須依科目性質及考試目的而異。自然科學重在理論之印證，宜採實驗過程考查法；人文及社會科學，重在思想之啓發，宜採發表考查法；技術科學重在技能之熟練，宜採實地練習法。至於考試制度，可依院系性質及年級高低而不同。理、工、農、醫、商，等院系，重在平時測驗，以學年考試結束。文、法、教育等院系，重在個別研究及小組討論，不拘限正規考試之形式，而由任課教師自定，於學期或學年結束時，將學生成績送交教務處登記。低年級爲使學生熟習基本知識起見，考試次數宜多；高年級應激勵學生自動研究精神，考試次數宜少。

第八章　大學的入學

一、美　國

各學院或大學，類皆分別規定入學標準，及甄選辦法。通例一名申請入學的學生，間為聲譽較高的學校所拒絕，但却為另一學校所接受。在美國，一名典型的申請入學院或大學的學生，必須受滿八年小學教育及四年綜合中學教育，或修滿六年小學及六年中學課程，而年約十八歲者，始具有合法資格。一般公立學院及大學，對於本州內經認可的中學（Accredited high school）畢業生，大都准其免試入學，必要時尚須審查此等中學之設置條件，是否符合認可標準。私立大學及學院，對於申請入學之中學卒業生，其甄送方法尤較公立大學繁雜。或令學生繳送高中成績單，審查其高中時代所修科目及其成績，以為錄取之依據；或規定所有申請入學之學生，必須繳驗參與經認可之標準考試所獲各科成績，以度量中學畢業之成績水準。

有時，中學尚未卒業之學生，於通過考試後，亦可獲准入大學，此項考試，旨在測驗擬入大學之新生，在一般基本教材領域內所獲之成績。若干曾受非正式教育而有適當經驗之成年學生，往往循此路徑，申請進入大學。凡不擬攻讀學位者，即以特別生(Special students)或試讀生身分(Probationary status) 入學。此等學生如經證明其能力，確可獲致長足之進步時，即取消其試讀身分，准其在正規學位課程中註冊。此項入學政策，對於外國學生申請入美國大學，尤多便利；蓋此等外國學生所獲敎育經驗，每與美國大學生全然不同。在成人敎育學程中，亦經常採用此類入學辦法，乃因一般成年學生，志在增進其特殊領域內之知識，而不擬成爲學位的候選人。

二、英　國

英國各大學對於新生入學，有絕對自由的決定權。由於申請入大學的學生，人數日衆，乃設置一種中央組織，負責處理入學申請事項。一般申請入學之學生，固有權直接向任何大學申請，各大學對於申請入學學生，亦操有自由選擇的權利。有些大學舉行入學考試，惟大都以普通敎育證書 (General Certificate of Education 簡稱 G. C. E.) 考試的成績爲依據，此項考試，經由核准的團體所主辦。在普通敎育證書考試中，規定最低入學條件，須通過五科或六科之考試，其中至少有兩科通過優異級或獎學金級 (Advanced or scholarship level)，惟此項規定，並非表示具有進入大學之權利，祇不過取得最低限度的入學資格。大多數的院系，均規定在入學資格考試中，某類特殊科目的成績，足以證明於攻讀大學課程時，確有優異的表現。惟因各大學之名額限制，故入學競爭，頗爲激烈。近來英國大學當局，乃考慮由各中學校長提出成績報告及舉辦學生個別談話。

各大學對於學生的入學，休學，及除名，與夫敎職員的任用及解職，操有絕對的支配權。學生申請入大學，必須通過普通教育證書考試而符合規定的條件：

1. 須通過英文一科及其他四種或五種科目之考試；
2. 在上述及格科目中，須包括一種外國語，和數學或經認可之科學；
3. 在上述及格科目中，至少須有兩科通過優異級的考試；
4. 在同一次考試中，除英文通過外，如僅通過四科，其中至少有兩科通過優異級，另一科通過尋常級。

申請入大學，悉憑考試及選拔，而無宗教或膚色之分。惟近年來具有資格申請入大學的學生，遠超過各大學實際的容量，因此一般大學在未實施擴充計劃前，乃限制招生的名額。申請入大學的學生，大都於同一時間，至少向六所大學一併申請。一九五二年公佈一項「資料交換處」(Clearing House) 的計劃，定於一九六三年試辦，一九六四年十月正式實施。凡屬申請入學事項，一律送由大學入學中央委員會 (Universities Central Council on Admissions) 辦理，而不必送交各大學，資料交換處卽將第一志願之大學未經接受的學生，依次送交學生所塡第二、第三等志願的大學。牛津及劍橋兩大學，倫敦大學醫學院，蘇格蘭及北愛爾蘭的大學，均未參加，迄仍採取各自單獨招生的辦法。吾人必須了解英國各大學對於英國國協的學生，以及散居世界各地一萬三千名的海外學生，具有重大的服務貢獻。此等學生，大都攻讀高級或專門學程。(註)

三、法　國

依規定，擬向法國大學任何科系申請入學之學生，必須持有學士（Baccalauréat）文憑或中等學校畢業證書，惟有少數情況例外。凡具有法國國籍的申請人，如取得某種許可證或通過一種特殊入學考試者，亦可入學。此項考試，除由考試委員會委員舉行一種談話性的口試外，尚須參與申請未來進入大學所擬攻讀之科系有關科目之筆試。外國學生如申請入學，必須持有與法國學士文憑相等之證書，否則，即須通過一種特殊考試。

四、西　德

西德的大學，在原則上不舉行入學考試，凡中等學校畢業，取得「成熟證書」（Reifezeugnis）或通過「補充考試」（Ergänzungsprüfung）或「資格考試」（Begabtenprüfung），經教育行政當局承認具有同等學力者，均可正式註冊並獲得「大學學生權」（Akadewische Bürgerschaft），進入大學肄業。惟若干特殊科門，如醫學、自然科學、工學、農學、及藥學等科，則規定除持有成熟證書或中等學校畢業證書外，尚須具有實際經驗。工業大學內某些科系即規定須有半年之實際經驗；申請入農科的學生，須有一年半的實際經驗；入醫科的學生，至少須有三個月的看護兵或護士經驗，入職業學校師資訓練機構的學生，須有一年至二年的實際經驗。有時，學生入學後，在其肄業期內，可能減免全部或部分的實習工作。

近年來西德各邦，先後開闢進入大學及其他高等教育機關的新路徑。此等措施，旨在鼓勵具有一技之長，而未入中等學校修習學術性課程的人士，得有進入大學深造之機會。西德境內各邦，均已設置修讀二年半或三年的全時（Fulltime）課程的學校，期滿參加中等學校畢業考試（Secondary school leaving examination）。此等學校並給予學生教育補助費，以獎勵其專心求學。一九六〇年起，設置四十一所夜間中學，開設部分時間課程，繼續修業至中等學校畢業考試前之最後一年爲止。

此外，尚有一條經由職業推廣學校（Berufsaufbauschule）間接升入高等教育機關的道路。此等學校，在爲職業專科學校的學生及就業青年，設置補充性的專業及普通教育課程，由學生自由選修。凡通過此等學校畢業考試者，卽具備升入工程師學校（Ingenieurschule）及專科學校（Fachsschule）的資格。工程師學校畢業生，如畢業考試成績優異，並經考試委員會證明具有研讀大學課程的能力，則可進入工業大學或工業高等學校相關科系肄業。

五、日　本

日本大學入學時，須經三種檢查：其一爲文部省主辦之「進學適應性檢查」，於每年十二月由文部省命題，在全國各地分區組織所謂「監理審查會」，同時舉行。學生之考試成績，由審查會通知原畢業之高等學校，再由高等學校校長，檢同其他有關該生之調查資料，一併送達所擬投考之大學，以供選拔時之參考。其餘二種檢查，則爲大學自身主辦之學力檢查及體格檢查，其詳細辦法，各校不盡相同。總之，學生能否進入大學，完全取決於上述三種檢查，與夫畢業之高等學校校長塡送之調查表。除此以外，別無任何考試。

最近，日本政府爲鼓勵自修學生之升進起見，乃於一九四五年起，每年在各都道府縣舉行一次大學入學資格檢定考試。凡未經正式學校畢業者，均得參與考試，考試科目，計分十四種，及格後年在十八歲以上者，即可參加大學入學考試。此外，尚有一種新檢定考試制度，凡年在十六歲以上，曾於中學校畢業及曾受高等學校通訊教育者，均可參加。

六、蘇　俄

依蘇俄憲法規定，全國人民，不分性別、種族、國籍、宗教信仰、社會出身或經濟情況，均有受高等教育的權利。

蘇俄全國各地之大學或高等教育機關，其入學條件，均由聯邦高等暨中等專業教育部爲統一之規定，惟因各校性質不同（如大學、多藝學院及藝術專門學校等）而略異。

凡智能優異，曾受良好訓練且有生產能力之三十五歲以下的人民(夜間及函授部不受年齡限制)，均得投考大學或其他高等教育機關，通過入學競試，即可入學。

工商企業、建築工程、國營農場、集體農場、及國家經濟機構等單位，均得以公費待遇，保送本單位之優秀工作人員，進入大學或其他高等教育機關研讀，肄業期間並享受津貼，惟修業期滿必須返回原單位服務。

舉凡投考大學及其他高等教育機關的學生，均須通過入學考試，其考試科目，爲俄語及文學，外國語（英文、法文、德文），及一種、二種或三種相關科目。例如，化學工程科或學院，考數學、物理、及化學；語言學院或科，祇考歷史。各考生考試成績，則依四分制(Four-mark system)，分爲優(Excellent)、良(Good)、可(Satisfactory)、劣(Unsatisfactory)四等。函授部及夜間部的入學考試，依規定免試外國語，惟入學後，則須修習外國語，並參與外國語考試。

投考大學及其他高等教育機關的學生，如修習生產實習科目者，有優先錄取權；報考夜間部及函授部的學生，具有與所習科門有關的實際工作經驗者，亦有優先錄取的機會。

外國學生申請入蘇俄大學，或由學生自行申請，或以蘇俄與其他國家間文化及經濟合作協定爲依據。有的大學及高等教育機關，爲外國學生設置預料 (Preparatory faculties for foreign students)，修習俄文、數學、物理、化學、地理及其他的中等學校課程。

綜觀前述六國大學入學考試辦法，其間堪供我國借鏡者甚多。茲依我國實際情況，對於大學入學考試有關事項，提出改進意見如次：

（一）成立全國大學設置基準委員會

我國大學之設立，雖有大學法、大學規程、及私立學校規程等法律依據，惟其設置標準，迄未規劃周密，故一般公私立大學間之設置條件，參差不齊，對於大學學術水準之提高，影響甚鉅。愚見以爲如能仿照美國「全國認可委員會」(National Commission on Accrediting) 及日本「大學基準協會」(University Accrediting Association) 等組織，成立「中華民國大學設置基準委員會」(專科學校設置基準委員會，另行設立。)，其構成分子，有教育部學術審議委員會，公私立大學，中央研究院，國家科學委員會，考試院，教育學術團體，及教育學術界卓著聲望之人士等。該會任務，約有下列五端：

1. 制定全國大學最低設置標準；
2. 審核大學認可機構；
3. 定期視察認可大學概況；
4. 協助未經認可大學發展；
5. 確立大學認可中學制度。

(二) 放寬大學入學資格

依我國大學法第二十六條規定：大學入學資格，須曾在公立或已立案之私立高級中學或同等學校畢業，或具有同等學力，經入學試驗及格者。五年制專科學校肄業三年期滿之學生固不能投考大學，高級補習學校畢業生，亦祇以同等學力報考，顯與獎掖靑年及人盡其才之旨趣不符。故拙意以爲在現行大學入學資格規定條款外，增列下列三項：

1. 公私立五年制專科學校肄業三年期滿成績及格持有證明文件者；

2. 公私立高級普通補習學校及高級職業補習學校畢業並經主管教育行政機關學力檢定考試及格者；

3. 公務人員普通檢定考試及格者。

蓋五年制專科學校旨在培養技術專才，參與生產建設工作，卒業學生，自當分別就業。惟邇來投考五年制專科學校學生，不乏報考普通高中落第者，置身五年制專校，本非所願，祇不過暫作棲身，伺機而動。此等學生，如使其久留五專，由於志不在此，學習勢難專精，即令勉强卒業，亦少技術專長，遑論服務社會，貢獻國家？此等學生，與其虛置浪費，不如給予轉學深造之機會。惟報考科系，以性質相近者爲原則。

至於補習學校學生，並非悉爲不堪造就之才，其間不乏家境淸寒半工半讀之學生，在生活極端困苦情況下，尙能潛心向學，力求上進，國家何堪予以漠視？基於我國憲法「扶助學行俱優無力升學之學生」的精神，自當予以獎掖，助其升進。惟高級職業補習學校卒業生，則仿照高級職業學校畢業生之升學辦法，限於報考性質相近之科系。

公務人員普通檢定考試，顧名思義，即爲選拔學識優異之人士，經普通考試而充任國家公職人員。惟其間不乏限於環境，缺少深造機會之人士，利用工餘自修，學業成就，並不遜於普通中學畢業生，且其個人志趣，不在行政事務，而欲致力學術工作及從事專門職業者，頗不乏人。加之，此等人士，已具多年實際工作經驗，一旦入學研習，自可使理論與實際獲得適切之印證，其學習效益，當較祇有書本知識之高中卒業生爲佳。因此，如能給予升入大學繼續深造之機會，於國於民，兩蒙其利。惟報考大學之科系，以與檢定考試之科門相近者爲限。

(三) 改進大學入學考試制度

英、美國家，大學入學甄選辦法，素由各校自定，政府不與聞問。法、德二國，則以中學畢業考試，替代大學入學試驗；蘇俄大學入學考試，由政府統一規定，日本乃由政府及大學本身分別舉辦大學入學考試。各國社會背景不同，其大學入學考試制度，皆應社會需要而生。

我國大學，原由各校分別招生，嗣因競爭劇烈，弊端叢生，乃實行聯合招生辦法；其間迭經變革，仍未能臻於完善境地，而滿足一般社會人士及教育實際工作者之願望。爲今之計，與其繼續繕補破舊之牢，不如直截了當，逕以新者代之，較爲妥當。玆就管見所及，暫擬改進大學入學考試辦法如下：

1. 考試名稱

凡拙著「教育行政」一書中所擬各類中學或現制高級中學學生修業期滿，得受「中學教育證書考試。」

中學學生修業期滿，原校僅得發給修業期滿證明書，畢業證書則由大學或主管教育行政機關授與，歐洲國家不乏先例。凡志願升學或不擬升學而願取得「中學教育證書」者，均須受「中學教育證書考試」，同時卽爲大學入學考試。依現制同等程度之學校畢業生，及同等學力之學生，亦得一體應試。

2. 主辦機關

中學教育證書考試之主持機關，依現制大學、獨立學院及專科學校，會同省教育廳或特別市教育局，共同組織之「中學教育證書考試委員會」，學術事務大學任之，行政事務由教育廳、局負責。各省市教育廳、局所以須參加各該省市之中學教育證書考試委員會者，因其爲中等教育之主管教育行政機關，所負責任自當至中學卒業時爲止。

3. 分區辦法

中學教育證書考試，以分省舉行爲原則。各省得視省區範圍大小，劃分數區舉行，且全國各省以同時舉行爲宜；但因交通上之理由，甲省中等學校之學生，亦得赴乙省應試。

中學教育證書考試，既同時爲大學入學試驗，全國各省之考試題目雖不必一律，但難易之程度則須相等。對於教育落後地區之學生，可酌量降低其及格或錄取之標準。此等降低錄取標準之學生，入學後另行設法予以補習。考試標準既爲全國統一的，故應試地點不必限定，例如四川奉節之學生可赴湖北宜昌應試，山東即墨學生，可赴青島應試。

4. 考試科目及分組

考試科目，應依學校科系性質分組。如此，則考生選擇志願的幅度，可以縮小，將來考取分發，亦較能切合其志趣。

考試分筆試及口試兩種。筆試科目又分爲共同考試科目及分組考試科目兩類。前者以公民、國文、及外國文三種科目爲限；後者則依報考類別由專家縝密規定，但不得少於兩種科目。例如報考理、工等部門者，得就數學、物理、化學三科中任選兩科。報考文、法、教育、商等部門者，由數學、歷史、地理三科中任選兩科。報考農、醫等部門者，則由數學、生物、化學三科中任選兩科。他如報考體育、藝術、音樂、商學、教育等科系者，可將專門技能及教學示範等項目，列爲分組考試科目內。設置分組考試科目之用意，乃使考生有表現其特長之機會。

至於口試，每生以二十分鐘爲度，其內容爲本國史地（限報考理、工、農、醫等部門者。）科學常識（限報考文、法、教育、商等部門者。）、時事、及儀態等。

5. 證書類別

此項證書，得依學生考試成績之等級，分爲甲、乙、丙、丁四級。考試成績特優者，領受甲級證書；次優者領受乙級證書；普通者領受丙級證書。如祇有一科或二科及格者，亦可領受某某科目及格證書；其不及格之科目，得准予參加次年舉行之「中學教育證書」考試，俟全部科目及格後，始得領受丁級證書。此項證書視同中學畢業證書，但不得請求分發學校入學。前述四種證書，均須載明各類科目之筆試、口試所得分數，以爲升學及就業之依據。

6. **分發標準**

分發學校，得依照下列要點辦理：

①各種科目均須訂定最低及格標準，以提高學生素質。

②各組主要科目應增加計分比重，期能切合考生之能力與志趣。

③持有甲級證書者，得依所塡第一志願分發；持有乙級證書者，依所塡第二、第三等志願分發；各校遇有缺額時，得以持有丙級證書者遞補。

④各省考生以分發省內各大專學校爲原則，藉以保持各省大學學術水準之齊一，並符合我國憲法規定：國家應注重各地區教育之均衡發展的精神。如甲省考生擬赴乙省之大專學校就讀，得逕赴乙省參與考試。

7. **獎勵辦法**

訂定下列獎勵辦法，依考生成績分別獎勵之。

①領受甲級證書者，由國家發給獎學金。

②領受乙級證書而家境淸寒者，得申請國家或公私團體所舉辦之貸金。

③凡持有乙、丙兩級證書者，於大專學校肄業一年後，學業成績優異者，得申請國家獎學金；其

成績次優而家境清寒者，得申請貸金。持有甲級證書於大專學校肄業一年期滿，其成績退步者，得停止發給獎學金。

④持有甲、乙、丙三級證書，而不擬升學者，其成績優異之科目，應於國家公務人員普通考試及公營事業機關招考時，准其免試。此爲鼓勵不擬升學者一體應試之良法，自當研究辦理。

⑤持有丁級證書者，應准其報考普通考試及公營事業機關職員考試，使有謀生之機會。

8. **其他**

①關於命題、閱卷、計分、覆核、及分發等事項，可設置常設性之「中學敎育證書考試技術改進委員會」，從長研究。

②考試期間，有關考生食宿、交通、疾病治療等事項，由政府鼓勵民間團體，廉價供應，以減輕考生之負擔，確保考生之健康。

【附　註】

(註) 見拙著比較教育制度一九三頁註二及註八。(臺灣書店)。

第九章　大學的師資

一、美　國

美國大學教師，無形中分為兩個界限或兩種階級，一個是大學教員，一個是獨立學院教員。前者待遇優厚，名位顯達；後者的待遇與地位，均遠不及前者。獨立學院教員要想轉就大學教席，除非具有專門的論著，或從事其他學術活動而被大學當局所垂青，否則是一件極困難的事。所以初出茅廬的教師，對於獨立學院與大學之選擇，是頗覺躊躇的。

美國大學教員的例定資格，即是取得學士學位後，再入文理科研究院繼續研究，三至六年，甚至更長的時間。年限之長短，視研究生之基礎學科已否具有充分之準備而定。研究生除照例前二年選習專門學程，或作專題研究（Seminars）外，尚須在正式教授指導下，於一、二年內每週從事六至九小時的教學實習（Practical Teaching）。實習生稱為教生或助教（Teaching Fellows or Teaching Assistants）。隨後並得撰著論文，與參加總考。論文祗是一個小範圍的專題，其目的在證明其有無獨自研究和引用原始材料以編訂教材的能力。至於他對整個知識（學術）領域所作貢獻之大小，尚屬次要。然後再參加口試，辯論其畢業論文，及格後，始可獲得傳統的哲學博士學位。

美國大學教員，除助教外，通常分爲講師、助理教授、副教授、教授（Instructor, Assistant Professor, Associate Professor, and Professor）四個等級。後者又通稱正教授（Full Professor）。在各學院或大學中，講師和助理教授的俸給與任期頗多差異。通常爲：講師一年一聘，助理教授則爲一年以上，或三、五年一聘。在一般大學中，升到副教授以後，任期就是終身的（Life Tenure）。倘在一所大學中，正副教授同爲終身職，則兩者間的區別，祇是資望與俸給的等差而已。各級教員，不論其等級之高低，對於應享的權利，並無明確的界限。換言之，各級教員的權利，並未有加以分別列舉的規定。在美國擔任終身職的教授，其年俸也大有懸殊。美國大學教授，令人歆羨的除純粹之經濟報酬外，尚有一種慣例性的七年休假制（System of Sabbatical Leave）。教授每七年可休假一年，並得於一年中支半薪，或半年中支全薪。

其次，美國各大學對於教師的選聘與舊教師的升等，似乎多以出版的著作爲唯一準繩。時人每以書重兩磅其値等於助理教授，書重五磅則可獵取終身教授之戲言，用以嘲笑大學教授。教學能力，品格高尚，與夫學識淵博等因素，在美國各大學選聘教師時，往往並未計及。延聘新教師的程序，通常是由系內各教授開列候選人名單，逐一甄審其論著，然後提名向教務長推薦。有時尚須向學校當局作推介之辯護。

最後，美國教授的退休制，也是値得介紹的問題。通常美國各大學教授退休的年齡爲六十五至七十歲，間有身體碩健者，得由學校情商留職數載，再行告退。退休的教授，稱爲退職名譽教授（Emeritus Professor)，並得領養老金至其壽終爲止。養老金之總數額，視本人在其教學生涯中，就養老金制下所儲存的數額多寡而定。其通行標準爲：當事人任期最後十年平均年俸之半數。在美國大學中比較通行的一種養老金制，在施行上有如下之規定：大學逐年自教員之年俸內扣除百分之五，而自本校之公款中另撥百分之五，或百分之七・五，甚至百分之十，合併另案存儲，以作爲各該教授的養老金。有些大學教授則享有一種專爲教師而設的全國性保險，執行此項計劃的機構，稱爲教師保險年金協會（Teachers Insurance and Annuity Association）。州立或市立大學的教授，通常被認爲公務人員，故其養老金制也與州或市的其他公務員養老金制相同。兼之聯邦社會安全法（Federal Social Security Laws），最近的增補，使得各學院和大學的教職員，除原有的養老金外，尚可享受社會安全法所規定的有關學校教職員的權利。

美國一般大學教員，大都參加二個重要的全國性協會。一爲「美國大學教授協會」（The American Association of University Professors），係維護美國大學教授個人權益的重要社團；另一爲「全國教育協會高等教育部」（Division of Higher Education of the National Education Association），對於大學人事的專業發展，已擬定積極推進計劃。

二、英　國

英國大學教員，通例分爲教授（Professor）、副教授（(Reader)、高級講師（Senior lecturer）、講

師（Lecturer）、副講師（Assistant lecturer）及實驗指導員（Demonstrator）等六級。大多數的大學，均由教授一人充任系主任，負責擬訂教學計劃，充實教學設備，並使教材及設備爲有效之使用。迄至目前爲止，英國各大學仍未採用宛如美國大學副教授（Associate Professor）及助理教授（Assistant Professor）之類的稱號。英國大學的 Reader，或指獨立擔任某一科目或科目內某一部分教學工作的人員，或用以表示其研究方面的成就。講師職位，則代表大學教學工作上的一種職稱；副講師的職位，通例視爲一種臨時（Temporary）或試任（Probationary）性質，每年一聘，續聘三年，嗣後並可晉升爲講師。實驗指導員，則爲大學教員中的臨時職位，其任期祇有一年或二年。英國大學的教學工作，多由專任教員（Full-time Staff Members）擔任，惟某類專業或特殊學系及學院，亦延聘相當數目的兼任教員（Part-time Staff）擔任各科教學，如醫學院是。

英國各大學，對於大學教員任用的方式及人選，操有獨立自主權。一般大學遇有教員缺額時，或公開登報徵求，或由私人接洽，惟其主要方式，則由有關之學術委員會推介，經大學高級團體認可。但亦有例外，如牛津和劍橋兩大學，以及蘇格蘭的大學，所謂欽定教授職位（Regius Professorships），其任命權操於國王（the Crown），此等教授爲數不多。其他若干職位，多由校內人員晉升而得，亦有部分職位，係公開登報徵求，而由有關學院院務委員會推薦任用之。

一般言之，英國大學高級講師間有包括講師以上職位，多係終身職，惟在職期間，如行爲不檢或玩忽職守者，大學當局操有解職之權。實際上，大學教員的任用，包括教學及研究兩方面；大多數的大學，類皆允許教員擔任本職以外的有給職務，但不得妨碍校內的正常工作。教員如有研究結果，亦可自由發表或出版，絕不受校方干涉。

英國大學教員的待遇，因等級而異，其所得俸給，依大學協款委員會（University Grants Committee）推薦，財政部撥付經費之多寡而定高低。該會代表由各大學及大學教員協會（Association of University Teachers）隨時推派。就一九六三年言，除醫科教員外，一名教授的年俸由二千六百英鎊至三千六百英鎊；副教授及高級講師最低年俸爲二千四百二十五英鎊，在特殊情況下，可得二千五百二十五英鎊；講師年俸由一千一百五十英鎊起，按年遞增，至一千九百五十英鎊止（少數人員可得年俸二千一百英鎊）；副講師年俸，由九百至一千零五十英鎊。一般醫學院臨床教授（Clinical Professors）及醫科非教授級的合格教員，其所得俸給，屢較其他院系教員之待遇爲高。大學教員俸給表，雖係政府制定，但各大學在規定俸給表內，有自由決定教員俸給高低之權力。

大學教員及高級行政人員的退休金，依「大學聯合退休金制度」(Federated Superannuation System for Universities，簡稱 FSSU）辦理。大學負擔教職員俸給的百分之十，教員本身負擔百分之五。所得總數，供教職員自塡之保險單支付保險費。如生活費用增高，此項保險金額，得依「大學聯合退休金制度」的辦法，隨之增加，爲減少事實困難，財政部對於「大學聯合退休金制度」給予年度補助費。

英國大學教員的等級及晉升問題，經大學協款委員會諒解，由大學本身決定，惟一般高級非教授級職位（Senior non-professorial posts），如副教授及高級講師，不得超過專任非教授級職位總額的百分之二十二。

至於英國大學的研究休假（Study leave），每因個人成就而異。若干大學，對於教員研究休假期間及其他時間，所需旅費，每給予適當之補助，甚至全部旅費由學校負擔。各有關委員會，並安排教員前往大英帝國國協，聯合王國境內及其他歐洲國家的大學，從事交換訪問。

近年來英國大學教員協會，經已擬定計劃，提高大學教育及其研究水準，促進大學教員的共同事業，並維護會員的權益。

三、法　國

法國大學教員，均係國家公務員，所得俸給由國民教育部預算項下支付。所謂大學教員，包括教授、講師（Maitres de Conférences）、教員（Chargés d'enseignement）、及實習指導員（Moniteurs de travaux pratiques）。教授又分爲正教授（Professeurs titularies de chaire）、自由教授（Professeurs titulaires à titre personnel）、副教授（Professeurs sans chaire）及助理教授（Professeurs associés）四種。所有教授悉由科務會議（Faculty council）推薦，經大學評議會（Comité Consultatif des Universités）認可，報請法國總統依法任用之。此等教授人員，其年齡不得小於三十歲，並須有二年以上之教學經驗。凡取得國家博士（Doctorat d'Etat）學位者，始具備大學文、理科教授任用資格；大學法學、經濟學、醫學及藥學四科，則以通過「競爭會試」(Concours d'agrégation) 者爲教授合格人選。此項會試，由上述各科舉辦。

助理教授 (Professeurs associés) 大都爲外國籍的專家，或學問淵博而未具備規定之學術資格的法國人所充任。此等人員，經大學評議會審查合格後，由科務會議提請任用，其任期至少二年。

講師係由國民教育部就大學評議會編定合格之大學教員名冊遴選任用。此等人員，須獲得國家博士。教員 (Chargés d'enseignement) 爲未曾獲得博士學位或未列入合格大學教員名冊內之人員，惟具備大學正式教職員的地位。

助教包括副教員 (Maîtres assistants，以往稱爲實驗指導員，Chefs de travaux)，協助教授辦理實習工作及口試，並在大學預科授課。此等人員，或取得碩士學位，或獲得國家博士學位。實習指導員 (Moniteurs de travaux Pratiques)，均係獲得碩士學位之研究生，例由各科學長或院長任用。

教授及講師，其授課時數，每週不得少於三小時。副教員之授課時數，每週須有六小時，助教每週須擔任五小時的實習。教授年齡以七十歲爲限，其他教員不得超過六十五歲。大學教授本可另行從事一種專門職業，故一般醫科教授每在私人醫院工作，以致影響教學活動，於是，創設一種大學醫院中心，以減少醫科教授在外兼職。

法國大學教授及講師，除擔任教學工作外，尚以部分時間，從事高深學術之研究。一般大學理科教授，除在實驗室從事研究工作外，尚指導若干青年研究人員。

教授、講師、副教員及助教，均分爲若干等級（Grades and steps）。由某一等晉升至另一等，定於每年一月一日開始辦理；每年晉升百分之三十，凡連續服務三年以上者，皆有被遴選晉升之資格；實際上，此項遴選工作，由大學評議會投票表決，報請教育部長核准。至於每一等之內的晉級，服務滿一定期限時，即自動晉升。教員參加退休金組織後，須按期繳納個人基本俸的百分之六。如獲最高退休金，等於退休前所領俸給百分之八十。

除大學規定之假期外，一般教員如應外國大學之邀約，前往講學或出席學術會議，可帶薪請假六週。如因事實需要，超過六週期限時，亦可獲得國家補助費。

各大學爲維護校譽起見，乃成立教職員違規行動懲戒機構，以約束全體教職員之行動。惟依法國傳統及各項法令之規定，對於大學教員，特予優待，即使教員之直接主管亦不得對教員任意加以處分；蓋此項處分權，操在大學審議會。如對大學審議會的裁決表示不服，可向最高教育會議（Conseil Supérieur de l'Éducation Nationale)及國家會議（Conseil d'État, 行政法庭）提出上訴。此等機構遂成爲法國境內處理教員爭端事件的最高法院。大學教員任職期間，除非大學科務會議同意，教育部長不得隨意調職。此等法規，早於一八八〇年，即已頒訂，惟當時法規所載各項特權，祇限於教授享受，嗣經教育部擴充，始包括大學全體教職員，故今日所有大學教職員，皆享有上述各項法規規定之特權。

法國大學教員，享有自由參加各種專業社團及協會的權利，惟此類社團或組織，既非大學行政單位，更不屬於大學行政之一構成部分。近年來法國各大學，並儘力爲外國大學供應合格教員，而尤以開發中的國家爲然。就一九六三學年度而言，法國大學及各高等專門學校的教員，前往非洲各國大學任教者達四一三名，在世界其他地區講學或研究者，亦有二百名之多。

四、西　德

西德大學及高等學校教員，依其所享之權利及應盡之義務，大別爲三類：卽正式教授（Titular Professors），非教授級教員（Non-professorial staff），及普通教授（Personal ordinary professor）。正式教授及獲得特聘教授職位（Extraordinary professorial chairs）的非教授級教員，均係國家終身公務員（Civil servants for life）。惟正式教授待遇較高，在學術組織中所享之權利及肩負之職責亦較大。正式教授，並可被選爲大學校長及各科學長（或各院院長），特聘教授永久祗能擔任科務委員會委員。正式教授擔任有關科門各種科目之教學，且通常充任大學各單位之首長，如診所、研究所及研究班之主任等是；特聘教授大都祗擔任尙在發展階段的新興科目或極專門的科目。至於普通教授的地位，則由各邦教育部以法令定之。

一般未獲正式職位的特聘教授，自由講師（Privatdozenten），學術審議員（Wissenschaftliche Räte）及榮譽教授（Honorary professors），均屬於非教授級教員。其中以自由講師的人員較多，一般新任教授，多由此等人員升任。凡向大學各科提出重要研究論文一篇，經各該科審查認爲申請人具有獨立從事有效之研究工作者，卽可取得「大學任教」(Habilitation) 之稱號，而受任自由講師職位；此外，尙須在大學科務委員會觀賞下，主持一次討論 (Colloquium)（註一），並發表一篇講演，此亦爲取得「大學任教」資格之必備條件。申請人如切合上述各項規定，卽獲得「大學教員資格」(Venia legendi)，並有權在取得「大學任教」稱號時所任科目方面，擧行講演及研究班討論。（註二），以往，此等自由講師並非國家公務員，通例依賴學生所繳之選課費，各類活動的收益及私人收入維持生活。自一九二〇年起，爲鼓勵大學年輕教員潛心研究學術起見，乃使一般自由講師，取得一種試任公務員的地位 (Temporary civil service status)。凡具有三年以上大學教學經驗，而成績優良者，尙可獲得非正式教授資格 (Non-established professorship) 的稱號。

學術審議員 (Wissenschaftliche Räte) 歸諸教員一類，乃爲新近之措施。擧凡自由講師或特聘教授，經大學之推薦，而取得終身公務員身份者，均以學術審議員稱之。彼等除協助教授從事學術工作外，並在教學及研究方面，承擔特殊及個別任務；其所得待遇，與自由講師相若。

榮譽教授，均爲大學教育機關以外之學者及科學家，在某類科目領域內，於大學擧行講演及指導研究班，甚至擔任教學工作；此等人員，例皆由大學各科之推薦或認可，而由教育部任用。巴威 (Bavaria) 邦，則任用此等人員爲試任公務員；其他各邦，均不以政府公職人員視之，亦無在大學講課之義務，如經特別邀請者例外。

此外，尙有助教 (Assistants) 及實驗指導員 (Demonstrators)，彼等除協助教員外，並繼續從事高深的研究。西德大學，一般年輕教員，多由此等人員晉升，任職期間，屬於試任公務員身分。如擬獲任此等試任公務員的職位，必須修滿規定之學術課程，並取得博士學位，有的科目，祇規定取得文憑，西德教育界人士，咸以爲擔任此等試任職務，乃爲從事其他活動之手段。

至於講師（Lektoren），大都擔任外國語教學；有時並任用助教或講授某一專門科目的自由講師，擔任某些科目的教學工作，間有延請大學教育機關以外的人士，至大學講授專門科目者。

最近，西德政府當局，已着手擬訂計劃，改善大學及高等學校教員待遇。依照德國傳統的制度，一般大學教員除領取正式俸給外，尚可獲得適當比例的學生選課費；目前則計劃改變此一制度，期使大學教員能獲得額外之授課津貼。如此，大學教員正式俸給以外的收入，將不受學生選課的影響。此項新措施，非僅改善大學教員的物質生活，且亦不復妨碍二名以上之教員，講授同一科目之制度。

大學教員雖係公務員身分，惟不受一般公務員服務法規之約束；大學教員的教學及研究，固不依政府指令行事，其工作時數亦不由政府規定。一般公務員，通例年滿六十五歲卽行退休，其退休費，最高可獲本人俸給的百分之七十五。各大學及高等學校正式教授及特聘教授則於年滿六十八歲退休，改任名譽教授（Emeritus professors），除學生選課費或授課津貼停止支給外，仍可領取全部基本俸及地方津貼。此等名譽教授如繼續擔任教學及研究工作，依規定須辭退校內各單位首長職務，並不得享有校內事務的表決權。

五、日　本

依日本「學校教育法」之規定，大學教員分教授（Professor）、助教授（Assistant professor）、講師（Lecturer）及助教（Assistant，日本稱助手）四種。在地方公立大學任教之教員，其任職條件，與國立大學教員相同。

大學教員之資格，載於「文部省規程」（Ministry of Education Ordinance）內，例如教授即須具備下列資格之一：⑴獲得博士學位；⑵具有與博士學位同等程度之專門著作；⑶曾任其他大學教授職位者；⑷曾任大學助教授並有著作發表者。

大學學長之任期，三至四年，學部長的任期，以二年爲常。大學教員任期，並無明確規定，惟各大學對於教員退休年齡，則定爲六十至六十五歲。

日本大學教員，依法須以全力克盡本身之職責，惟經文部省認可，在不妨礙大學職務情況下，得兼任其他教育職務，或從事其他教育活動。

大學教員之升等，經評議會或教授會同意後，由學長提請文部省核准之。

國立大學教員待遇，依日本「公務員俸給法」（Law Concerning Compensation of Employees in Regular Government Service）辦理之。除本俸外，尚有各項津貼，如行政津貼，大學院津貼等。

日本大學教員，任職滿二十年以上者，即具備退休資格；國立大學教員可得「國家公務員共濟會」(National Public Service Mutual Aid Association，日本稱國家公務員共濟組合。)之補助，私立大學教員，則由「私立學校教職員共濟會」(Private School Personnel Mutual Aid Association) 補助之。

六、蘇俄

蘇俄大學及其他高等教育機關之教員，分教授、副教授 (Docent)、講師 (Prepodavatel)、及助教 (Assistent) 四種。此外，尚有專門從事科學研究工作的科學研究員 (Scientific Collaborators) 及研究生 (Aspiranty)。大學所有教員，均採競試 (Competitive examination) 方式任用之。每隔五年，由「大學學術評議會」(Academic Council of the Institution) 對教授及講師爲公開之甄選，以作繼續任用之依據；如應徵人員不合甄選條件，此項職位即宣佈虛懸，並公開登報再行甄選。一切競試，均由學術評議會採秘密投票方式，決定其結果。凡應徵大學系主任或教授之人員，必須具備科學教授或科學博士稱號。應徵副教授職位者，須爲科學副教授或選士學位 (Kandidat nauk) 持有人，舉凡曾受高等教育並有教學及科學研究能力者，即可參與大學助教及講師職位之競試，惟取得選士學位者，有優先錄用之機會。至於大學教員的待遇，則因所獲學位或稱號及任職年限長短而異。

我國大學教員之任用資格，依部頒「大學及獨立學院教員資格審查規程」，分別規定如次：

(一) 助教：須具左列資格之一：

1.國內外大學畢業，得有學士學位，而成績優良者。

2.專科學校或同等學校畢業，曾在學術機關研究或服務二年以上，著有成績者。（以上第三條）

（二）**講師**：須具左列資格之一：

1.在國內外大學或研究所研究，得有碩士學位，或同等學歷證書，而成績優良者。

2.任助教四年以上，著有成績，並有專門著作者。

3.曾任高級中學或其同等學校教員五年以上，對於所授學科確有研究，並有專門著作者。

4.對於國學有特殊研究及專門著作者。（以上第四條）

（三）**副教授**：須具左列資格之一：

1.在國內外大學或研究院所研究，得有博士學位或同等學歷證書，而成績優良，並有有價值之著作者。

2.任講師三年以上，著有成績，並有專門著作者。

3.具有講師第一款資格，繼續研究或執行專門職業四年以上，對於所習學科有特殊成績，在學術上有相當貢獻者。（以上第五條。）

（四）**教授**：須具左列資格之一：

1.任副教授三年以上，著有成績並有重要之著作者。

2.具有副教授第一款資格，繼續研究或執行專門職業四年以上，有創作或發明，在學術上有重要貢獻者。（以上第六條。）

凡在學術上有特殊貢獻而其資格不合於本規程第五條或第六條之規定者，經教育部學術審議委員會出席委員四分之三以上之表決，得任教授或副教授。

前項表決，用無記名投票法。（以上第七條。）

大學及獨立學院教員等別，由教育部審查其資格定之。（同上第二條。）

我國大學，既爲研究高深學術，養成專門人才之場所，足見其地位崇高，責任重大；主持其事者，絕非徒具形式之資格或富有教育行政經驗者，所能勝任，而必爲德高望重，學識淵博之人士，始足以領導大學師生，致力學術工作。故爲維護學術尊嚴，獎勵學人治校，愚見以爲今後大學校長或獨立學院院長人選，應就合格教授中擇優任用，其遴用標準，尤須力求嚴格，不得稍存寬縱。一位理想之大學校長，必須具備下列之條件：第一、德望過人，有優良記錄者；第二、學藝超羣，有重要貢獻者；第三、才高意廣，有成績表現者。

夷考法國國立大學校長，多經教育部長推薦，由政府任命之。任此職者應有國家博士銜，通例係就曾任大學或高等專門學校之教授者中選充之。足見法國教育當局，對於大學校長人選之重視。

至於大學或獨立學院教員，現行聘任資格標準，未免過寬。蓋一大學畢業生，由擔任助教起，順序升遷，不出十年，已儼然爲一大學正教授矣。名位輕而易得，人數遽然增加，大學教授之未能受人尊重，此實爲一重要因素。故拙意以爲大學教員升等年限，應稍予延長，升等條件，亦須嚴加規定。

由助教升講師，以服務期滿六年爲準，並須提供具體之研究心得，即使獲得國內外大學之碩士學位者亦應充任助教滿四年，始能升任講師。其由講師遞升教授，以每五年爲一等，即由國外留學返國並取得著名大學之博士或高級學位者，亦須同受限制，則較爲適宜。凡大學畢業獲得經教育部認可之國外大學博士或高級學位者，得以講師任用，以資獎勵。

此外，尚有下列數端，亟待注意：

1.**設置副講師及辦事員**　近年來我國大學及獨立學院，所設技藝科目及實習、實驗等，每由教授、副教授擔任，顯屬人才浪費；蓋一般副教授以上之人員，或爲學問淵博之學人，或係經驗宏富之專家，自當以其所長，從事高深而專精之學術研究，期能對國家爲更大之貢獻。至於上述科目之教學，或由資深而成績優良之助教擔任，或聘用適當人員委以副講師名義，充任此等科目之教席。一般助教，類多品學兼優，有志教學專業者，如能在教授指導下，畀以數年之獨自研究，對日後之教學工作，裨益匪淺。惟目前各院校助教，大都側重行政事務之處理，非但虛度時日，抑且名實不符。愚見以爲各院系可另置辦事員若干名，辦理辦公室內之例行事務。此等人員之敍級，依職員任用條例核定之。

2.**校長及教員任用問題**　大學校長，與一般行政官員不同，必須具備高深之學術素養與宏富之教學經驗，故一名理想之大學校長，應爲校內之教授而兼任院長或系主任職務者，仿照西德及英國制度，由各學院院長或系主任互選，任職二年，連選得連任一次；至於院長或系主任則由教授互推，任期亦爲二年，但不得連選連任。教授及副教授爲終身職，如因事實需要，教授或副教授於取得學校當局同意後，得另就他職。講師初聘一年，續聘二年，任職滿三年，教學成績優良者，則續聘五年，任職期間，經教授會議同意後，得晉升副教授，任滿一年後，即取得終身任用之資格。副講師如擔任技藝及實習、實驗等科目，任滿四年，經教授會同意後，得升爲講師，嗣後即不予升級。如講授專門科目，任職滿四年後，得提經教授會審查通過後，晉升講師，於任滿規定年限後，依序晉升。助教升副講師，於任滿規定年限後，經指導教授推薦，將研究成績送交教授會審查。其審查報告，須提請本學系教授、副教授組成之助教升等審查委員會投票決定之，獲得三分之二以上同意票者，即符合升等之規定。

3. **教員待遇問題**　所謂待遇，除俸給外，尙包括退休金，疾病補助費，及各種福利及津貼。教授於任滿七年休假時，如因教學及硏究之需要，從事專著寫作或出國考察得由校方予以適當之經濟補助。授課時數，不依小時計算，而以科目爲基準；通例一名教授及副教授以擔任二種科目爲原則，講師及副講師則講授三種科目。無論教授及講師所得俸給，除依年資計酬外，尙須規定學級學生人數之標準，爲增進教學效率起見，每學級學生以二十五人爲限。教員授課之學級，其學生人數超過規定者，另給酬勞。凡一學級超過五人者，增加授課鐘點費十分之一，超過十人者，增十分之二，以此類推。如此，非但有助教員待遇之改善，且可維持勞逸均衡之原則。

4. **外籍及客座教員問題**　近年來各國間爲促進文化交流，每聘用外籍人士，擔任外國語及其他專門科目之教學。玆爲維護本國學術尊嚴，及教員任用體制起見，凡屬外籍教員，一律委以講師名義，其待遇另訂之。如係國際知名之權威學者，則以訪問教授名義聘用之。至於大學以外本國學人及科學家，對於某種科目或專題，富有獨到研究者，得依其學經歷，分別以客座教授或客座講師名義聘任之，其任期以一學期或一學年爲原則，如屬必要，得繼續聘用，但不列入正式教員名冊內，非依本書所擬任用辦法之規定，不得改聘爲專任教員。

【附　註】

（註一）著者按：——見拙著各國教育制度四三二頁。（正中書局）

（註二）著者按：——同上，四三四頁。（正中書局）

第十章　大學的學生生活

一、美　國

一般言之，大學教育所耗費用，無疑極爲昂貴。就美國言，所謂費用通例分爲學生、學校及私人或團體捐贈者三方面。學生所耗費用，因學校及學生個別情況而異。大多數的美國大學及其他高等教育機關，對於校內學生的教育投資甚爲龐大，而尤以公立大學爲然。根據最近五年的統計，美國公立大學修讀學士學位的學生，所付學雜費，平均爲二百七十一美元，私立大學的學雜費，其平均數則高達一千零十六美元。凡於州內公立大學就讀之學生，如非該州籍居民，即須繳納一種外籍居民的學雜費（Non-resident fee），此項費用，高達本州學生所繳該項費用之一倍或二倍。公立大學之寄宿費，年約二百三十一美元，私立大學則爲三百十七美元。至於膳費，如在大學自助餐廳（University Cafeterias）用膳，每週用膳五日，年約三百四十六美元，每週七日，年約四百二十五美元。上述各項費用，均係平均數字，實際所耗費用，各校間頗不一致。

獎學金（Scholarships）種類繁多，數目多寡不一。近年來各基金會、宗教團體、工商企業機關及私人所設之獎學金，日漸增加。美國聯邦政府亦設置若干獎學金，授與能力優長之大學生，尤以研究科學、工程及衛生等學門的學生爲優先。各大學則有校友及學友捐贈的各種小額貸金，由學生申請借貸。自一九五八年國防教育法案（National Education Act of 1958）頒布後，聯邦政府卽竭力鼓勵大學生依法申請聯邦政府的貸金，以期順利完成大學學業。此項貸金，於畢業後由貸款學生自定償還方式，以最低利息或無息繳付之。至於所謂「服務獎學金」（Service Scholarships）則爲一種補助金（Grant-in-Aid）性質，接受此項獎學金之學生，通例須爲學校服務，擔任校內各項事務。諸如充任圖書館或實驗室之學生助教（Student Assistants），或在辦公室，自助餐廳及學生中心內工作，或計算試卷的分數。學生所獲工作酬金，卽用於償付肄業期間內之一切費用。

在研究院攻讀的研究生，則有領取「研究獎學金」（Fellowship）或「助教獎學金」（Assistantship）之機會，此等獎學金，屬於助學金性質。一般成績優良之研究生，於獲得上述獎學金後，卽以部分時間兼任大學本科的教學工作，或從事研究活動，同時並繼續修讀本身的學位課程或致力於研究計劃。

美國大學，例皆成立各種學生組織，協助學生發展其社會及智識才能。一般學生自治組織的影響力，各校間彼此不一。惟大多數的大學，學生不僅協助各種學生活動的行政事務，更爲若干重要之教授會及行政委員會服務。依常規，美國各大學學生自治會（Student government）代表，係由學生推選，而不由教授會或大學行政單位指派。同時，各大學舉辦各項活動或擬訂各種政策，學生組織亦承擔重要之任務，無疑美國大學生的影響力，與其他歐洲及拉丁美洲國家大學生的意見，具有同等的力量。

一所規模龐大的大學，常有近百種，甚至百餘種學生組織，如兄弟會（Fraternities），女生聯誼會（Sororities），及戲劇、音樂和體育等社團。尚有各種學生刊物，榮譽學會、學生顧問及指導會議。在體育運動方面，有兩種主要的體育活動；一爲校際運動（Inter-Collegiate athletics），舉辦各大學間各項體育活動之競賽，一爲校內運動（Intramural athletics），通例由兄弟會、宿舍、班級或俱樂部間進行各項運動競賽。此等校內運動，屬於娛樂性質，故參加競賽之學生爲數甚多。

一般美國大學，大都備有宿舍，供一部分學生住宿，此等學生，稱爲寄宿生。彼等或住於宿舍內，或住在兄弟會或女生聯誼會供應之房屋內，此類宿舍或房屋，或建築於校園內，或位於校外，後者須經學校當局核准。

大多數的美國大學，均爲學生提供各項服務，其中包括衞生、福利及指導，一般較大的大學，大都設置一種完善的大學醫院。較小的大學，則備有診所及健康中心。校內衞生單位的護理工作，由住校護士擔任，大學校醫，或爲專任，或係兼任。關於咨商及指導工作，或由曾受專業訓練的心理學家及測驗專家辦理，或指定學生前往學生顧問或教授處，接受適當的指導。無論採取何種方式，均鼓勵學生儘量向顧問或指導人員，陳述有關學業、職業或私人問題。

美國大學及獨立學院，對於外國學生之申請入學，素極歡迎。每年美國大學及學院授予外國學生的學位，多達數萬餘人。一般大學及學院，在校本部大都設有一名外國學生顧問（Foreign student adviser），每與其所屬職員協助外國學生，解決各種疑難，以適應新大學的環境。彼等或幫助外國學生解決食宿問題，或協助外國學生辦理註冊手續，選課及銀錢的使用。此外，並指導外國學生適應大學的社會生活，進而與廣大的社區，保持適當聯繫。

近年來一般留學美國的外國學生，最大的困難，即是求學費用的籌措。依新近調查，就讀美國大學的外國學生，幾有半數均自籌經費；另外，約有四分之一靠其他私人財源維持。其餘則依賴私人組織及政府機構的補助金和獎學金，各大學並採用服務獎學金，研究獎學金，貸金及減低學費等辦法，協助此等學生解決求學費用問題。

二、英　國

英國的大學，除牛津及劍橋兩大學外，攻讀文科初級學位的學生，每學期所繳學費約六十英鎊，其他各科初級學位的學費，每學期約繳七十五英鎊。寄宿大學學舘（Hall）的宿費，一學期三十週，由一百四十英鎊至一百六十英鎊不等。一般就讀英國大學的外國學生，連同暑期生活費，一學期共需五百至五百五十英鎊。

聯合王國的大學生，獲得經濟補助者居多，其中約有百分之八十以上的大學生，獲得全部或部分的公私款項的補助。此等補助金，皆係不須償還的貸金，而爲一種完全的協助。（註一）大部分的學生，均可取得其本籍之地方行政當局新近頒布之國會法案（Act of Parliament）規定的補助金；依此項法案規定，各地方行政當局對於獲准攻讀初級學位的大學新生，如具備聯合王國的合法資格，皆得享受地方政府給予之經濟補助。惟其補助金額之多寡，則依學生家庭經濟收入而定。牛津及劍橋兩大學，一名學生每學期所需之生活維持費，除學費外，最高額約爲三百四十五英鎊，倫敦大學約三百五十英鎊，其他大學約三百二十英鎊，如居住民間之出租房屋 (Lodgings)，所耗生活費，當較爲低廉，住在家中的學生，費用尤低，

英國大學研究生，亦可獲得經濟補助。一般大學大都自設各種補助金，英國科學暨工業研究部 (Department of Scientific and Industrial Research)，對於科學及技術部門的研究生，給予補助金，教育科學部則補助文科研究生。

大多數的英國大學（牛津及劍橋兩大學除外），均依法組織學生協會 (Guild of undergraduates 或學生代表會(Students' Representative Council)，由學生自行推選職員，處理會務。聯合大厦(Union Building) 卽爲此等協會的社會活動中心，此一大厦爲大學所有，但由學生負責管理，大厦內例皆設有餐廳、會議室及跳舞廳等。有時在大厦內，由學生協會的代表與大學行政單位的人員，正式及非正式的交換意見。

英格蘭、威爾斯、及北愛爾蘭境內大部分高等教育機關的學生協會或學生代表會，共同組織一種團體，稱爲全國學生聯合會(Nationl Union of Students，簡稱 NUS)，其目的在使學生表達有關自身事務的共同意見，諸如大學入學規程，學生補助金，學生膳宿設備及國際學生合作等事項。蘇格蘭則另組「蘇格蘭學生全國聯合會」(National Union of Scottish Students)。

一般學生協會，經常舉行的活動，有各種學會、討論及辯論會，體育及運動會等。惟體育及運動會所需之設備，由大學供應。牛津及劍橋兩大學，學生的社會生活，以學院爲中心，每所學院均有體育會、討論及辯論會，以及其他各種學會。

英國各大學學生，住於學院或學舘者，約佔學生總額的百分之二十七點四，住於民間房屋者約佔百分之五十點七，住在家中者約佔百分之二十一點九。除實施學院制（College system）的大學外，一般大學的學生宿舍，均採學舘式，由大學任用舍監（Resident warden）一人，負管理之責。有的大學，學舘甚多，故全體寄宿學生，均可容納；有的大學，學舘較少，所能容納的寄宿生，不及學生總額的百分之十。惟目前英國各大學，大都儘量擴充學舘或宿舍的設備，期使所有志願住校的學生，均有住校的機會，在可見及的將來，英國大學生的人數，勢必大量增加，學舘的供應，尤不可或缺。

英國政府當局，爲增進學生身心健康起見，除設置國家衛生處（National Health Service）外，各大學類皆自設學生衛生處（Student Health Service），並聘請一名或一名以上之專任醫務人員，負責衛生處的工作。同時爲協助衛生工作之推行，乃對學生實施一種志願或强迫的體育計劃。有的大學設置顧問處（Advisory Service），學生遇有疑難時，指導其如何請求適當的教職員，以獲得協助及有益的商談。大部分的大學設有膳宿管理員（Accommodation officers），負責調查堪供學生住宿的民間出租房屋，並爲學生解決食宿問題。此外，各大學並設置專門人員，爲本校畢業生介紹工作；對海外學生則由專門顧問予以指導。

三、法　國

法國大學教育，實際上等於免費，一般大學生每年所繳學費，總數未超過七十三法郎，其中百分之三十的學生，甚至免繳學費。

大多數的大學生，均靠家庭接濟，約有百分之三十五的學生，因家境清寒，祇得從事兼任或專任職務。近年來法國創設一種高等教育國家獎學金制度，每年約有百分之二十五至三十的大學生獲得此項獎學金。依規定獎學金申請人，須向地方委員會提出申請書，並參與每年舉行一次的獎學金考試，惟地方政府在經費許可情況下，則對於申請人之考試成績，並未過分重視，而儘量給予領受獎學金之機會。此外，並舉辦信用貸款，於畢業後十年內分期償還。

法國最重要之學生組織，即是「法國全國學生聯合會」(Fédération Nationale des Étudiants de France)，會員總額約有十餘萬人。該會主要任務，在代表學生團體提出强硬的要求，其活動間亦具有政治壓力，故對該會與政府當局間之討論，頗多妨碍。社會人士每視此一聯合會，爲一對抗性的協會，遂不受一般人士的重視。

法國高等教育階段的體育及運動組織，須依一九五三年二月二十七日，(第五三——一六四號)法令(Decree No. 53-164, of 27 February 1953)辦理之，惟具有實際約束力的法令，則爲一九六二年十月里爾大學區校長 (Rector of the Lille Academy) 制定之法規。故直至目前爲止，體育及運動活動，仍屬自由參加性質。自法國「大中學校體育協會」(Association du Sport Scolaive et Universitaire) 成立後，堅決主張國家及私人組織，均須重視體育活動，並竭力提倡大中學生的業餘運動。

嚴格言之，法國大學並無住宿設備，學生膳宿，由大學城 (Cités Universitaires) 或大學宿舍 (Hostels) 供應。「國家協助大中學校青年事業中心」(Centre National des Œuvres en faveur de l Jeunesse Scolaire et Universitaire)，係改善大中學校學生生活及工作條件的一種公共機構，並協助和指導各大學區 (Académie) 實施地區中心的活動。此一機構竭力主張國家應以經濟補助經費不足的大學，或爲全體學生開設一種「特價食堂」(Special-diet Restaurants)，廉價供應飲食，對於學生宿舍的服務工作，固須加强管理，清寒學生亦應予以特別的補助金。

一九四八年九月二十日，法國政府公佈一項特別福利制度 (Special Welfare System) 法，規定「年在二十六歲以下之大學、高等技術學校、高等專門學校 (Grandes écoles) 以及準備投考此等學校之中學班級的學生，未曾參加健康保險 (Health Insurance)，或不屬於其他保險範圍者」，一律參加學生保險。其所需之保險費，由社會安全基金會地方大學分會(Caisses Primaires de Sécurité Sociale) 撥付。此項保險制度的經費或基金，一部分由國家以補助金方式，代替投保人（或保險費受益人）年繳十五法郎，一部分由其他社會福利計劃項下支付。僑居國外的法國人民子女，亦可享受此項保險制度的權益。

法國國民教育部，下設大中學校衞生處 (Service de Santé Scolaire et Universitaire)，主管中等

以上學校衛生事務。預防藥服務處（Preventive Medicine Service），其經費來源，一部分由國家補助，一部分由學生繳納。該處舉辦定期體格檢查，法國大中學生於參與年度考試前，必須繳驗體格檢查證書。至於職業指導，則由「中學、職業學校檔案暨大學統計局」（Bureau Universitaire de Statistiques et de Documentation Scolaires et Professionnelles）辦理；爲便於推展工作起見，遂於每所大學設置一種指導中心，提供學業及職業方面之資料。

此外，尚有「法國學生療養院」（Sanatorium des Étudiants de France），及「法國學生社會安全組織」（Mutuelle Nationale des Étudiants de France），兩機構，前者爲巴黎大學新設之醫院，後者負擔病患學生部分醫藥費，並保存一種急用經費及意外事件保險計劃。此一組織成立後，一般學生大都希望參與工作，以試驗其管理本身事務並解決有關自身之經濟及社會問題的能力。同時，法國大學生對於各項社會福利事業，爲求達「共同管理」（Co-management）之目的，遂極力參加各種學生福利服務活動。目前，已由較大之全國社會安全協會，推派學生代表六人，參與「國家福利中心」（Centre National des Œuvres）理事會，爲全國學生爭取福利。

近年來前往法國留學的外國學生，爲數頗多，其中尤以非洲法語國家及法國海外屬地之大學生爲最。此等留學生，大都獲得法國政府獎學金，中非國家的學生，其領受獎學金之機會，尤較來自其他地區者爲多。

法國境內外國留學生的接待工作，悉由國家福利中心及其地方代表負責；非洲留法學生的接待事宜，則由「大學合作接待局」(Office de Coopération et d'Accueil Universitaire) 辦理。凡獲得獎學金的外國學生，卽具備寄宿大學城或領取廉價「住宿券」(Billeting orders) 之資格，並享有法國大學生所享受之一切福利，但醫療衛生福利不在此限。

凡非法國中學卒業之外國學生，初次接受法國大學教育，極感困難者居多。故一般法國大學，類皆爲外國學生設置各種概要性的預備學程 (Introductory Courses)。此等學程，不採講演方式，而取小組研究辦法，每組學生十至十二人，在初級講師 (Junior lecturer) 指導下，共同研討。此項小組研究學程，通例於學年開始時擧辦，約計十週，每週研討二或三次，每次一小時半。此外，「法文傳播暨研究中心」(Centre de Recherches et d'Études pour la Diffusion du Francais)，則爲稍具法文智識或全然不懂法文的外國學生，設置一種「密集視聽學程」(Intensive Audio-visual courses)，協助此等學生，俾於最短期內，熟練法國語文。凡獲得法國政府獎學金的外國學生，卽具備領受初級獎學金 (Preliminary scholarship) 之資格，此等學生，可於學年始業前參與一種密集法文學程。

四、西德

西德大學教育階段耗於學生之費用，包括大學經常費、實習費、書籍費、工作材料費、及生活維持費。所需費用之多寡，因科系性質及修業期限長短而異。一般言之，以研究自然科學及醫學之學生，費用最爲浩大。

由學生所負擔之費用，則有基本費（Basic fee），各校間所繳費用不一，一學期至多八十馬克；選課費（Tuition fees for lectures），研究班及實習費用，每學期每週一小時繳納二至三馬克。德國政府爲減輕學生經濟負擔，每一學期由政府補助每名學生的生活費及醫藥衛生費等三十至四十馬克。赫森邦籍（Nationals of Hesse）的學生，就學於本邦大學及其他高等教育機關，一律免費。西德境內享受免費待遇的大學生，約佔大學生總額的百分之二十五。

西德大學生，實際所耗生活維持費，每因學校所在地區及學生生活水準而異，實難一概而論。一般言之，一名學生每月用於日常生活的費用，約計二百五十至三百馬克。

一九五七年，建立一種稱爲「荷尼夫式」（Honnef-Model）的普通獎學金制度（於一九五五年在西德荷尼夫鎮訂定獎學金制度的草約，故以當地地名稱之。），對於清寒優秀學生，予以經濟補助。自一九六二年起，凡獲得此項獎學金之學生，於其修業期間之前三學期，每月可獲補助金一百九十五馬克。其餘各學期（包括假期），每月獲補助金二百四十五馬克。最後兩學期，則採無息貸金方式補助之。領受此項獎學金之學生，尚可免納基本費及選課費。在外國大學就讀之西德學生，亦可領取此項獎學金，惟以兩學期爲限。該項獎學金制度建立之初，共籌基金九千九百萬馬克，其後由於西德聯邦及各邦政府的支援，乃使獎學金之基金，大量增加。據統計，目前獲得該項獎學金者，佔西德大學生總額的百分之十五。

其他，約有百分之二十的學生，或受戰爭損害，或因逃難關係，或係遭受納粹（Nazis）迫害者之後裔，皆可領取補助金。另約百分之二至百分之三的學生，或於通過激烈競爭而獲得「德意志國家獎學基金會」(Studienstiftung des Deutschen Volkes) 頒發之獎學金，或取得基督教及天主教，德國同業公會全國總會 (German Trades Union Congress)，拜彥邦 (Bavarian State) 及其他都市所設優秀學生特種基金會之獎學金。據估計，西德大學生，領受各種獎學金或補助金者，約佔大學生總額的百分之四十。

西德各大學及高等學校的全體學生，均係其所屬系科學生會 (Student Unions) 的會員。凡屬學生，皆有秘密投票選舉參與學生總會 (General Students' Committees) 代表之權利，在職能上，該會屬於學生執行團體，負責維護學生之社會及文化福利。同時，該會尚可提供在學術團體方面有關學生利益的意見。有的大學設置學生議會 (Students' Parliament)，則此等大學之學生總會卽附屬於學生議會，各種學生團體，雖以切身利益爲重，但須受校長之監督。一般學生既須遵守訓練法 (Disciplinary law) 之規定，更受有關出席聽課、參加研究班及考試等法規之約束。任何學生如違犯此等法規或操行總則 (General code of Behaviour)，卽受各種方式之處罰；輕者給予警告或懲戒，重者予以停學或勒令退學，一切處罰命令，均以校長個人名義公佈之。學生如犯重大過失，則由教員與學生代表共同組成之特別訓練委員會 (Special Disciplinary Committee) 議決，予以開除學籍之處分。受處分之學生，如不服從該會之處置，可向訓練法院 (Disciplinary court) 提出控訴。

各大學之學生，均爲「德意志全國學生聯合會」(Verband Deutscher Studentenschaften) 會員。

該會代表西德國內外全體學生之權益。所有該會職員及各種委員會委員，皆由選舉產生。一九五二年，該會聯合教育高等學校學生聯合會（Union of Students at Teacher Training College），工業高等學校學生聯合會(Union of Students at Engineering School)，及其他學生社團，將該會改組爲「德意志學生組織聯邦總會」(Deutscher Bundesstudentenring)，成爲全國學生事務的中央協調機構。

各大學及高等學校的學生社團，大都爲宗教性、政治性及其他特殊興趣（如體育運動等）的團體。此外，尚有合作社及俱樂部或聯誼會等，其目的在於維護學生共同的利益，亦有以保持德國舊有傳統爲宗旨的團體。此等學生社團，均自行出版期刊；學生總會則發行學生報紙，對於學生之智識及政治教育，具有重大之貢獻。此類報紙，對於各項問題，均持有獨立的見解及開明的態度，各種學生社團，均可獲得公款的補助。

西德大部分的學生宿舍，均自行舉辦各種教育性的活動。彼等不僅希望此等學生宿舍成爲學生公寓(Student Hotels)，且期其變成富有社會及文化影響的生活社區(Living Community)。近年來非但學生宿舍的數量增加，政府對於此等宿舍，亦優先予以公款補助。最後的目標，計劃大量興建學生宿舍，期能容納全部學生的百分之三十至四十。一般學生宿舍，通例由學生福利組織，宗教團體及其他設置人所維持。最近，聯邦政府及各邦當局，對於新建的學生宿舍，每給予建築及設備費用的補助。大多數的學生宿舍，均爲外國學生，特別來自開發中國家的學生，保留若干房間，以供此等學生住宿；蓋西德人士認爲採用此種方式，易使外國學生與其德國同學，保持密切的聯繫。

德國學生福利組織，對於學生物質及文化需要之迎合，與夫學生健康之維護，負有重大之使命。此等組織，乃是高等教育機關經營之企業，例皆保有本身之法律地位，（或係註册的社團，或爲公共公司及公共基金會。）其主要職能，在分配及管理公款指撥的補助金和貸金（如荷尼夫式的補助金和貸金是。），經營學生餐廳及自助食堂，維持並管理學生宿舍、學生俱樂部及圖書館，監督學生衞生服務事宜，與夫舉辦增進學生文化及政治教育的各項活動組織。一般地方學生福利組織，例由大學教員充任主席，其日常業務，則由兼任秘書辦理。教員、學生及其他公職人員，均可代表此等組織之董事會，接受聯邦當局及各邦政府撥付的補助費。此項補助費，固可供作建築及設備的補助金，亦能用於補助學生福利組織的流動費及其他經常費。一般學生餐廳供應的食物，其價目常較市價爲低，故大部分的學生，均在學生餐廳用膳。此外，學生福利組織，尚經營各種廉價服務，如理髮、修理皮鞋及發售教科書等。有的學生福利組織，並聘請專人，擔任大學一年級學生，及其他有志研究人士的讀書顧問。最近，有三十九個地方學生福利組織，聯合組成一種德意志學生福利委員會（German Student Welfare Board），以擴大其服務之範圍。

在西德大學攻讀的外國學生，約佔西德大學生總額的百分之九。除少數國家的學生，勿須經過西德大學的學力考試，卽可獲准入學外，其他一般國家的學生，如擬進入西德大學研讀，必先入專爲外國學生而設的一種特殊學院，接受補習教育。此等學院，大多數的大學及其他高等教育機關，均已設置，修業期限，通例一年，期滿考試及格者，卽可進入西德大學肄業。凡屬德語欠佳的外國學生，則由各大學及高等教育機關，專設德國語文課程，供此等學生研習。西德各大學及其他高等教育機關，大都設置對外關係處（Foreign Relations Offices），由校長指揮，協助外國學生解決生活及學習上的困難。約有百分之十的外國學生，獲得「德意志學術交換處」（German Academic Exchange Service）頒授之「德意志獎學金」（German Scholarships），該處係由各高等教育機關，聯邦和各邦政府，以及其他熱心教育人士所支持，對於學生及學者之交換，具有重大之貢獻。

五、日本

日本大學生所耗費用，包括學費、實驗費、學生協會會費、書籍費，學用品及交通費等。國立大學的學費，全國一律，私立大學的學費，則各校不一，通常高於一般國立大學的二倍至五倍不等。就一九六五——六六學年度言，國立大學學生，平均每年所耗費用如次：學費一萬一千零六十二日元，書籍費、學用品及交通費三萬一千四百零一日元，其他費用一千零二十九日元，共計四萬三千四百九十二日元，折合美元一百二十一美元。私立大學學生，平均每年所耗費用，爲學費五萬五千七百八十一日元，書籍、學用品及交通等費，三萬一千一百零伍日元，其他費用一萬三千四百一十六日元，共計十萬零三百五十二日元，合美金二百七十九美元。就攻讀之系科言，學生每年平均所耗費用，以醫學、牙科及藥學學部最爲昂貴，私立大學，年耗十四萬九千九百七十六日元，合美金四百十六點六美元；公立大學五萬一千二百六十四日元，合一四二點四美元。私立大學之理工及農等學部，年耗十二萬一千五百七十七日元，合三三七點七美元，公立大學則爲四萬零八百四十五日元，合一一三點五美元。法律、經濟及文學等學部，國立大學學生，年耗四萬五千一百零九日元，合一二五點三美元，私立大學八萬九千六百六十五日元，合二四五點七美元。至於學生日常生活費用，膳費年約二萬七千零五十八日元至七萬二千七百一十七日元，住宿費年約二萬零六百八十日元至四萬六千八百九十一日元，另加其他雜費四萬一千九百一十八日元至四萬四千七百二十日元，三項合計，年約美金一九五點六美元至四五六點五美元。(註二)

日本國內所設大學生獎學金制度，爲數甚多，其中百分之八十以上的日本大學生，均可獲得「日本育英會」(Japan Scholarship Society) 頒發之獎學金；此項獎學金屬於貸金性質，每月貸給學生若干日元。領受獎學貸金的大學生，學藝學部及教育學部的學生，約佔百分之四十，其他各學部約佔百分之二十。大學院研究生，領受獎學貸金者，約佔研究生總額的百分之二十五以上。

最近，該會實行一種提早選拔獎學金學生的制度 (A System of early selection of scholarship students)，對於高等學校能力優長之學生，每月發給相當數目之獎學貸金。

此外，尚有若干公立及私立獎學金機關，給予學生貸金或補助金。

日本大學生團體，大都依學部性質而組織，亦有聯合各學部之學生團體而組成全校性之組織者。至於全國性的學生組織，稱爲「日本學生自治聯合會」(Japanese Federation of Self-Governing Students' Associations-Zengakuren)。

各種文化性及運動性的俱樂部或聯誼社，亦普遍設置；校際性的俱樂部聯合會，以及地區性或全國性的校際體育會議或體育競賽，尤爲盛行。

國立大學，約有百分之十六的學校，設置學生宿舍，私立大學備有學生宿舍者，祇有百分之五，近年來由於大學生人數激增，學生宿舍，遂供不應求。一般大都市的大學，均有學生宿舍不敷供應之苦，爲學生者，如擬覓得適當住所，尤爲不易。

各大學每年舉行學生體格檢查一次，大部分大學，均設有醫務室，另有二十所大學，實施一種學生健康保險計劃（Health Insurance Programme）。

一般大學，大都設置各種商談中心（Counselling Center），以及輔導一年級學生的教育指導處（Educational Guidance Services）。此等中心除輔導學生之學業及職業外，尚協助學生解決私人問題。國立大學，並設置「學生福利指導部」（Students' Welfare and Guidance Division），構成大學正規組織之一部。

日本政府爲促進國際文化交流，乃設置外國學生獎學金（Scholarships for Foreign Students），每年授予有志赴日研究之各國大學生，獲得此項獎學金，前往日本留學者，爲數頗衆。此項獎學金，包括每月之生活費，及往返日本之旅費，其領受期限，通例二至五年。有的國立大學，專爲領受獎學金之外國學生，設置研習日文的專門課程，以提高其日本語文的程度，此等學生，並可住於「國際學舍」（Foreign Students' House）。

至於未曾領受日本政府獎學金或補助金的外國學生，在各大學、大學院及研究所攻讀者，爲數亦多。因此，有些大學遂爲此等外國學生，設置語文專門課程，進修日本語文。

日本短期大學學生團體的組織及人員，與綜合大學或單科大學相似，祇不過規模較小，學術水準較低而已。此等短期大學的宗旨，在於實施實用專業訓練及普通教育，故大都屬於工商業及家事性質。

六、蘇俄

蘇俄大部分的學生（約佔大學生總額的百分之七十三），依靠政府補助金維持，此項補助金，由「科補助金委員會」(Faculty Grants Committees)，按學生成績及其經濟情況發給之。該委員會之構成分子，有各科學長及公共團體的代表，而以前者爲主席。補助金之授予，係以冬春兩學期之學期考試成績爲依據。大學研究生（Aspiranty），亦可領取國家補助金。凡由工業機構，建築設計機關，與夫國營和集體農場保送入學之學生，均可領取百分之十五的獎金，如屬考試成績優異之學生，可得百分之二十五的獎金。一般成績出衆的研究生及成績優良的大學生，大都獲得「列寧獎學金」(Lenin Scholarships)。成績特優的學生，即可獲得名稱各別的獎學金，如政府傑出人物獎學金，科學家獎學金，工業技術專家獎學金，以及文化界領袖獎學金等。

大部分的學生，均可居住取價低廉的學生公寓。全體學生都能享受免費醫療的權益。患病期間

（不超過一年）的學生，仍可保留補助金。假期中學生外出旅行，得以市價百分之七十的價錢，投宿於招待所或接待室，或領取旅行及膳宿許可證（Putëvki），其所耗費用，由同業公會支付。

大學卒業生，如逕往其他城市就業，卽可獲得富厚的津貼。所需旅費固由公款支付，隨行家人，亦可得到免費的住所。

在學生俱樂部及學生公寓內，學生得自由參加各種文化活動，此等活動，常視爲正規訓練之一部分，對於師範生，尤其重要。各種俱樂部，均有若干學生活動團體或團隊，最盛行者，爲戲劇、文學、芭蕾舞藝術，以及各種舞蹈和音樂社團。近年來影片俱樂部，日漸普遍，大都指導學生學習製片及攝影技術，製作電影短片，各大學及其他高等教育機關並經常擧辦學生攝製優秀影片競賽會。學生俱樂部，有時以英、法、德等外國語公演話劇。各大學及其他高等教育機關，經常邀請外國學生以其本國語文，朗誦文學作品或表演民族音樂及舞蹈。同時尚聘請著名的作家、詩人、科學家、戲劇家、音樂家及藝術家，指導此等活動團體。

體育運動，在大學內佔有重要的地位。大學一、二年級，依規定全體學生一律接受强迫性的體育訓練，根據學生的志趣，分別練習各種促進身體發展的體育活動。高年級學生，則依照學生的志願，接受各種自由性的體育訓練，最盛行的體育活動，有輕重級的健身術，運動及表演體操，籃球、排球、足球、劍術、游泳、划船、拳擊、滑雪、溜冰、及曲棍球。大部分的高等教育機關，並提倡遠足及爬山，暑假期間，則擧辦運動及體育夏令營。一般學生經常參加全國性及國際性的運動競賽百通。

蘇俄大學教育當局，咸以爲使學生參與此等文化活動及體育活動，既可避免學生學習方法的偏差，更能培養學生一般文化的興趣及才能。

十九世紀以前，一般國家的高等教育，類多祇注意維持學生家庭的上層階級或中上層階級的社會地位，而不顧及學生因受優良職業陶冶後其所獲之社會地位已否高於其父母原有之社會地位的事實。惟自一九二〇年以後，由於大批出身微寒的青年，接受高等教育，而獲致較高之社會地位，於是原屬下層階級的人，一變而爲中層階級，原爲勞工階級者，亦變成中層階級的人士。茲將歐美列國、日本，及拉丁美洲國家大學生的出身，表列如次：（依據資料，著者自製。）

大學生的出身

父母的社會地位	百分比										
	美	英	法	意	蘇俄	日本	巴西	阿根廷	秘魯	荷蘭	瑞士
中上層階級	二五	六〇	九二	九〇	五〇	七三	七四	五六	四〇	九五	九一
中下層階級	七五	四〇	八	一〇	五〇	二七	二六	四四	六〇	五	九

觀上表，可知大學生出身於中下層階級的家庭者，除美、俄及秘魯三國爲數較多外，其餘各國的大學生，其父母的社會地位，多屬於中上層階級。二十世紀初期以來，各國相繼倡導「教育機會均等」，擴大大學生出身的社會階層，於是各種獎學金、貸金、及補助金制度，乃次第創行。我國大學

生的出身，雖無確切統計資料可考，但吾人相信，我國大學生父母的社會地位，屬於中下層階級者，恐不及美、俄、及秘魯等國之多。故如何協助一般平民階級的子女，使其享有高等教育的機會，乃當今急務。愚見以為下列各種方式，可供國人參考。

(一)國家獎學金

近年來美、英、法、蘇俄及日本諸國，類皆設置國家獎學金，獎助大學優秀青年，完成其大學教育及各項專門學術的研究。據一九五八年的統計，日本育英會，即以獎學金補助十三萬名日本大學生。英國自一九四四年法案頒佈後，政府對於大學生的補助，日漸增加。據最近數年的統計資料，英國境內三分之二以上的大學生，均由政府或其他機關，給予經濟補助，使其安心向學。我國憲法第一百六十一條規定：「各級政府應常設獎學金名額，以扶助學行俱優無力升學之學生。」依照現行辦法，中央級的獎學金，由教育部規定名額的比例，再由各校造具預算，向教育部具領轉發合乎規定的申請學生，手續簡便，而實際上則已成為政府的預算。吾人以為此項措施，應擴大成為常設性的國家獎學金。由行政院令由財政部教育部會同組織「國家獎學金管理委員會」，編造預算，擬具申請辦法。目前暫以專科以上學校之學生為限，俟國家財力充裕時，再擴大範圍而包括高級中學以上各級學校的學生。該會所需款項，除由政府指撥專款充作獎學金之基金外，並擬訂切實有效之方法，鼓勵私人或工商企業團體，捐助獎學基金，如能蔚為風氣，不獨大學優秀青年享受實惠，且對我國大學教育之振興，亦有莫大之助益。

(二) 私人獎學金或助學金

歐美各國，一般工商企業團體，私人財團及熱心教育之金融鉅子，每多捐助金錢，充作一般大學各項設施及獎學金之用。有的指定用途，有的限定得獎者從事某項專門學問之研究，更有規定得獎人於完成大學教育後須爲指定機關服務若干年限者。此項私人捐款，不特爲國家社會發展教育，抑且爲各該團體之事業培養專才，於人於己，均屬有效。我國近年來亦有少數機構舉辦私人獎學金或獎助金，前者如嘉新水泥公司獎學金，以中等學校學生爲對象；後者如聯勤總部生產署爲培植技術軍官，自五十三年春季起，已在設有理工科的大專院校設置獎學金，受獎者須於在學期間每年暑假至該署指定的工廠實習，畢業後須在該署指定的工廠服預備軍官現役五年。其他政府機關或工商企業團體，如能相繼舉辦類此之獎學金或獎助金，對於若干才堪深造無力升學之青年，當可發生積極的鼓勵作用。

(三) 學生貸金

第四次全國教育會議時，海外歸國代表，建議設置大專學生貸金，俾清寒優秀子弟，得以完成其學業。此項建議，吾人深表贊同。至希最高教育行政當局，研擬具體辦法，早日實施。惟愚見以爲如果實施貸金制度，勢必產生一個實際上必然遭遇的問題，即是償還問題。貸金如不規定償還，則失去貸金原本的意義。如規定償還，而屆期不能償還，則將聽其自然？抑將設法令其淸償？如聽其自然，則貸金將成爲變相的奬金，勢非逐年開闢來源不可；如果定使淸償，則必有一機關向法院提出償還之訴訟。基於此項必將發生之事實，吾人認爲貸金不宜由教育部主辦。其理由有二：第一、教育都如以原告地位與貸金學生在法庭相見，大有損於最高教育行政當局的尊嚴。第二、設由教育部主辦，易使貸借人誤認爲拖欠國家的債款；在我國人民尚未養成優先償還對國家欠債的觀念之前，大有增强貸而不還的可能。因此，吾人主張由教育部發動，邀同若干熱心教育的人士，組織一種民間性質的專科以上學校學生貸金委員會。依照民法財團法人的規定，完成合法手續。教育部爲表示提倡之熱忱，可特別撥出一筆經費，充作貸金之用。至於貸金的主要來源，必須依賴民間的踴躍捐贈。培養淸寒優秀子弟，本係一有力之號召，由教育部發動，必能獲得同情之響應。該會除鼓勵人民團體捐助外，更樂於接受特定的捐款，如某姓宗族捐款指定供其同族子弟貸借之用；如某一實業家捐款指定貸借與該項實業有關的學生之用等，以增加貸金的來源。如此，貸金委員會與借貸學生之間，乃私人借款的契約行爲，履行契約以昭個人信用，實爲一種榮譽，尤其受高等教育者保全個人信用，無疑爲立足社會重要條件之一。如此，貸金的收回，當不致發生困難。最近數年來，「臺灣省公立中小學校教職員福利金籌集管理委員會」，賡續擧行助學貸金考試。凡現任該省中小學專任教員之子女，於省內公私立大專院校肄業者，皆可申請報考。經錄取者每名每學年無息貸款新臺幣三千元，畢業後分六年償還。此項貸款，卽爲本書所稱學生貸金之一例。

(四) 工讀制度

歐美各國大學，多有實行工讀制度者。凡某校學生皆可利用課餘之暇，在某校圖書館、學生宿舍、打字室、餐廳、及體育館等部門，擔任臨時工作，依工計酬，以賺取生活費用。我國私立東海大學，自創校以來即實施工讀制度，成績良好。我國各大專院校如能實行類似之工讀制度，對於清寒勤奮之學生，必有不少的益處。

(五) 校外工作

美國各大學學生，大都利用課餘時間，至學校附近之工商機構或民間公寓，充當臨時工作人員。暑假期間更齊赴東部各大城市，擔任旅舘、餐廳、洗衣店、及雜貨店等機關的短期工作，賺取學費及生活費。美國大學生賴此維持生活者，大有人在。我國社會情況，雖與美國不同，但如能由官方或民間學術機構和社會事業團體倡導類此之活動，使一般民間機構，樂於任用大學生，擔任適當工作，非但可以減輕學生家長的負擔，且能促進社會上各類職業的平等。

(六) 疾病矯治

我國大學，雖有校醫室之設置，但以經費有限，大都缺乏優良醫護人員及完善醫藥設備，學生如染疾病，類多祗有一般之照料，而不能予以澈底診治，境遇較優之學生，固可由家庭擔負醫療費用，家境清寒者，則所耗醫藥費用，深感籌措不易。我國社會人士雖間有熱心慈善事業者，一般人民，對於貧苦大學生，多無實際援助；爲學生者平日或任家庭教師，或兼其他臨時工作，所得收入，尙可維持日常生活之所需，如有疾病等特殊事故，遂不免手足失措。國家作育英才，固須提高其學術水準，身心健康之維護，似亦未可漠然視之。如能在大學集中之地區，成立學生健康中心或學生醫院，以低廉費用或免費爲學生治病，自可減輕學生之經濟負擔。至於健康檢查及身體缺陷之矯治，亦應視爲此等中心或醫院之中心工作。

（七）食宿供應

目前，我國各大學或學院設置之宿舍及餐室，大都供不應求，一般學生祗得租賃民間房屋居住，此等房屋，設備既不足以適應學習生活之需求，索價更屬昂貴。對於家境清寒之學生，不啻爲一沉重之負擔。至於日常之飲食生活，多屬零食性質，既無物美價廉之公共餐廳，尤少清潔衛生之民營食堂，故學生之一日三餐，頗費周章。如能仿照列國先例，建立「大學城」，廉價供應食宿，非但爲學生減少無謂之耗費，且可維護學生身心之健康。至於大學生之經濟負擔，或由政府出資經營，或鼓勵民間創辦，而受政府之監督。歐美先進國家，爲減輕大學生之經濟負擔，節省學生奔走購物之時間，類皆設置「學生商店」，廉價供應日用品及書籍，以便師生自由選購。我國大學，如能仿行，裨益學生，良非淺鮮。

【附　註】

（註一）Unesco: World Survey of Education–Higher Education, 1966 p. 1175.

（註二）引自 Ministry of Education, Government of Japan: Education in Japan, 1967. p. 105.

本書主要參考書目

1. J. E. Floud, A. H. Halsey, and F. M. Martin: Social Class and Educational Opportunity, 1956.
2. Robert Ulich: The Education of Nations, 1961.
3. I. N. Thut and Don Adams: Educational Patterns in Contemporary Societies, 1964.
4. Vernon Mallinson: An Introduction to the Study of Comparative Education, 1960.
5. Theodore L. Reller: Comparative Educational Administration, 1962.
6. H. G. Good: A History of Western Education, 1960.
7. L. Mukherjee: Comparative Education, 1959.
8. George Z. F. Bereday: Comparative Method in Education, 1964.
9. L. S. Botts and J. Solomon: Complete Handbook of Educational Systems: British, French, Russian, American 1958.
10. Edmund J. King: World Perspective in Education, 1962.
11. Donald K. Adams: Introduction to Education; A Comparative Analysis, 1966.
12. John Francis Cramer and George Stephenson Browne: Contemporary Education, 1965.
13. Robert E. Belding: Students Speak Around the World, 1959.

14. Gwendolen M. Carter and John H. Herz: Major Foreign Powers, 1962.
15. David G. Scanlon: International Education: A Documentary History, 1960.
16. Nicholas Hans: Comparative Education, 1958.
17. Arthur H. Moehlman: Comparative Educational Systems, 1963.
18. Brian Holmes: Problems in Education, 1965.
19. B. Holmes and S. B. Robinson: Relevant Data in Comparative Education, 1963.
20. James H. Blessing: Graduate Education, 1961.
21. Edmund J. King: Education: A World View: Other Schools and Ours, (Third ed.) 1967.
22. Andreas M. Kazamias and Byron G. Massialas: Tradition and Change in Education, A Comparative Study, 1965.
23. B. C. Rai: Comparative Education, 1967.
24. UNESCO: World Survey of Education–IV. Higher Education, 1966.
25. Abraham Flexner: Universities: American, English, German, 1968.
26. Archie R. Ayers and John H. Russel: Internal Structure: Organization and Administration of Institutions of Higher Education, 1962.
27. Walter Crasby Eells and Ernest V. Hollis: Administration of Higher Education, 1960.
28. Theresa Birch Wilkins: Higher Education, 1962–63, 1963.

29. Frank Bowles: Access to Higher Education, 1963.

30. Robbins Report: Higher Education, Cmnd., Oct. 1963.

31. International Association of Universities: The Staffing of Higher Education, 1960.

32. Oliver C. Carmichael: Universities, Commonwealth and American, 1959

33. H. M. R. Keyes: International Handbook of Universities, 1963.

34. Amthony Kerr: Schools of Europe, 1960.

35. Richard Emerson Werstler: The Schools of Europe 1967.

36. Mary Irwin: American Universities and Colleges, 1960.

37. Raymond E. Callahan: An Introduction to Education in American Society, 1960.

38. Kenneth M. Hansen: Public Education in American Society, 1960.

39. Tyrus Hillway: Education in America Society, 1961.

40. James Hughes: Education in America. 1960.

41. U. S. Office of Education: Education in the United States of America, 1962.

42. U. S. Office of Education: Progress of Public Education in the United States of America, 1965-1966.

43. G. A. N. Lowndes: The English Educational System, 1960.

44. Theodore L. Reller: Divisional Administration in English Education, 1959.

45. W. O. Lester Smith: Education in Great Britain, 1958.
46. W. P. Alexander: Education in England. 1954.
47. Roger Armfelt: The Structure of English Education, 1955.
48. Sir Ernest Barker: British Universities, 1949.
49. H. C. Dent: The Educational System of England and Wales, 1961.
50. George Kneller: Higher Learning in Britain, 1955.
51. J. F. Foster: The Commonwealth Universities Yearbook, 1960.
52. G. Baron: Society, Schools and Progress in England, 1965.
53. Kenneth Charlton: Education in Renaissance England, 1965.
54. U. S. Office of Education: Education in France, 1963.
55. P. Chilotti: Education in France, 1961.
56. Marcel Leherpeux: The Reform of Education in France, 1960.
57. Jacques Guicharnaud: French Education, 1959.
58. Margarita Davies: Survey of the Status of the Teaching Profession in the Americas, 1964.
59. W. R. Fraser: Education and Society in Modern France, 1963.
60. French Cultural Services: The Reform of French Education, 1966.
61. French Cultural Services: French System of Education, 1965.

62. The Central Office of Information, London: Britain: An Official Handbook, 1965.
63. Paul S. Bodenman: Education in the Soviet Zone of Germany, 1959.
64. Alina M. Lindegren: Germany Revisited Education in the Federal Republic, 1957.
65. Richard H. Samuel, D. Thomas and R. Hinton: Education and Society in Modern Germany, 1949.
66. Erich J. Hylla and Frederich O. Kegel: Education in Germany, 1958.
67. Theodore Huebener: The Schools of West Germany, 1962.
68. Ronald S. Anderson: Japan: Three Epochs of Modern Education, 1959.
69. Japan, Ministry of Education: Education in Japan, 1968.
70. Japanese National Commission for UNESCO: Development of Modern System of Education in Japan, 1960.
71. Japan, Ministry of Education: Japan's Growth and Education, 1963.
72. George Z. F. Bereday, William W. Brickman, and Gerald H. Read: The Changing Soviet School, 1960.
73. George Z. F. Bereday and J. Pennar: The Politics of Soviet Education, 1960.
74. Nicholas De Witt: Soviet Professional Manpower, 1955.
75. Alexander G. Korol: Soviet Education for Science and Technology, 1957.
76. William K. Medlin, C. Lindquist, and M. Schmitt: Soviet Education Programs, 1960.

77. U. S. Office of Education: Education in the U. S. S. R. 1957.
78. U. S. Office of Education: Soviet Commitment to Education. 1959.
79. James Bowen: Soviet Education, 1962.
80. George S. Counts: The Challenge of Soviet Education, 1957.
81. Douglas Grant: The Humanities in Soviet Higher Education, 1960.
82. E. J. King: Communist Education, 1963.
83. George Louis Kline: Soviet Education, 1957.
84. Deana Levine: Soviet Education Today, 1959.
85. Elizabeth Moos: Soviet Education Today and Tomorrow, 1959.
86. E. H. Litchfield: Report on Higher Education in the Soviet Union, 1958.
87. U. S. Office of Education: Higher Education in the U. S. S. R., 1963.
88. U. S. Office of Education: Soviet Education Programs, 1962.
89. Edward M. Corson: An Analysis of the 5-year Physics Program at Moscow State University, 1959.
90. William K. Medlin: Report on New Source Book on Soviet Higher Education, 1958.
91. A Vucinich: The Soviet Academy of Sciences, 1956.
92. U. S. Office of Education: Structure and Decision-Making in Soviet Education, 1964.
93. Nicholas DeWitt: Education and Professional Employment in the U. S. S. R., 1961.

94. U. S. Office of Education: Soviet Teaching and Research in Economics, 1965.
95. Nigel Grant: Soviet Education, 1964.
96. Nicholas Hans: The Russian Tradition in Education, 1963.
97. M. A. Prokofiev, M. G. Chilikin, and S. I. Tulpanov: Higher Education in the U. S. S. R., 1961.
98. V. P. Yelyutin: Higher Education in the U. S. S. R., 1959.
99. M. Deineko: Public Education in the U. S. S. R., 1964.
100. Herbert Rudman: The School and State in the U. S. S. R., 1967.
101. 雷國鼎編著：教育行政　正中書局
102. 雷國鼎編著：比較教育制度　臺灣書店
103. 雷國鼎編著：各國教育制度　正中書局
104. 雷國鼎譯：比較教育　中華書局
105. 林本著：日本教育之理論與實際　開明書局

中華社會科學叢書
比較大學教育

作　　者／雷國鼎　編著
主　　編／劉郁君
美術編輯／鍾　玟

出 版 者／中華書局
發 行 人／張敏君
副總經理／陳又齊
行銷經理／王新君
地　　址／11494 臺北市內湖區舊宗路二段181巷8號5樓
客服專線／02-8797-8396　　　傳　　真／02-8797-8909
網　　址／www.chunghwabook.wordpress.com
匯款帳號／兆豐國際商業銀行　東內湖分行
　　　　　067-09-036932　臺灣中華書局股份有限公司

法律顧問／安侯法律事務所
製版印刷／百通科技股份有限公司　海瑞印刷品有限公司
出版日期／2017年7月再版
版本備註／據1968年11月初版復刻重製
定　　價／NTD 250

國家圖書館出版品預行編目（CIP）資料

比較大學教育 / 雷國鼎編著. -- 再版. -- 臺北
　市 : 中華書局, 2017.07
　　面 ; 公分. -- (中華社會科學叢書)
　ISBN 978-986-94068-6-4(平裝)

　1.高等教育 2.比較教育

508　　　　　　　　　　　　　　106008211

NO.F1008
ISBN 978-986-94068-6-4（平裝）